Capital Social Livre
e Acções sem Valor Nominal

Capital Social Livre e Acções sem Valor Nominal

Jorge Coutinho de Abreu | Maria Elizabete Ramos | Maria de Fátima Ribeiro | Maria Miguel Carvalho | Paulo Olavo Cunha | Paulo de Tarso Domingues

Maria Miguel Carvalho e Paulo de Tarso Domingues (coord.)

2011

**CAPITAL SOCIAL LIVRE
E ACÇÕES SEM VALOR NOMINAL**
AUTORES
Jorge Coutinho de Abreu | Maria Elizabete Ramos | Maria de Fátima Ribeiro
Maria Miguel Carvalho | Paulo Olavo Cunha | Paulo de Tarso Domingues
COORDENADORES
Maria Miguel Carvalho e Paulo de Tarso Domingues
EDITOR
EDIÇÕES ALMEDINA, S.A.
Rua Fernandes Tomás, nºs 76, 78, 80
3000-167 Coimbra
Tel.: 239 851 904 • Fax: 239 851 901
www.almedina.net • editora@almedina.net
DESIGN DE CAPA
FBA.
PRÉ-IMPRESSÃO | IMPRESSÃO | ACABAMENTO
G.C. GRÁFICA DE COIMBRA, LDA.
Palheira – Assafarge
3001-453 Coimbra
producao@graficadecoimbra.pt
Outubro, 2011

DEPÓSITO LEGAL
335045/11

Apesar do cuidado e rigor colocados na elaboração da presente obra, devem os diplomas legais dela constantes ser sempre objecto de confirmação com as publicações oficiais.
Toda a reprodução desta obra, por fotocópia ou outro qualquer processo, sem prévia autorização escrita do Editor, é ilícita e passível de procedimento judicial contra o infractor.

 GRUPOALMEDINA

BIBLIOTECA NACIONAL DE PORTUGAL – CATALOGAÇÃO NA PUBLICAÇÃO

DOMINGUES, Paulo de Tarso

Capital social livre e acções sem valor nominal. – (Obras colectivas)
ISBN 978-972-40-4657-0

CDU 347
     336
     061

NOTA PRÉVIA

O presente livro reúne as intervenções (ordenadas de acordo com o respectivo programa) proferidas nas duas conferências que se realizaram nos dias 19 e 27 de Maio de 2011, respectivamente na Escola de Direito da Universidade do Minho e na Faculdade de Direito da Universidade do Porto.

Aquelas conferências – que tiveram o apoio das duas Escolas de Direito mencionadas – visaram promover o debate e a análise sobre dois temas de ponta em matéria societária (o capital social livre nas sociedades por quotas e as acções sem valor nominal), pretendendo-se assim contribuir para a divulgação e compreensão de institutos absolutamente inovadores na ordem jurídica portuguesa.

Os signatários, que assumiram o encargo da organização das conferências, não podem deixar de relevar e agradecer a pronta e gentil disponibilidade demonstrada pelos Colegas de diferentes universidades portuguesas (Doutor Jorge Coutinho de Abreu, da Faculdade de Direito da Universidade de Coimbra, Doutor Paulo Olavo Cunha, da Universidade Católica-Lisboa, Doutora Maria de Fátima Ribeiro, da Universidade Católica-Porto, Doutora Maria Elisabete Ramos, da Faculdade de Economia da Universidade de Coimbra, e Dr. José Rodrigues de Jesus, da Faculdade de Economia da Universidade do Porto) para participar nesta iniciativa, os quais com a partilha do seu saber (nas conferências e agora com a publicação dos respectivos textos; infelizmente não podemos contar com o texto do Dr. José Rodrigues de Jesus, que não teve possibilidade de o aprontar atempadamente para esta publicação) contribuíram decisivamente para o sucesso da mesma.

MARIA MIGUEL CARVALHO
Escola de Direito da Universidade do Minho

PAULO DE TARSO DOMINGUES
Faculdade de Direito da Universidade do Porto

I Parte
Relativa ao Novo Regime do Capital Social Mínimo das Sociedades por Quotas

O NOVO REGIME JURÍDICO DO CAPITAL SOCIAL
DAS SOCIEDADES POR QUOTAS[*]

MARIA MIGUEL CARVALHO[**]

I. Breves notas introdutórias

O capital social é um elemento obrigatório do acto constituinte das sociedades ditas de "capitais"[1], i.é., das sociedades anónimas e das sociedades por quotas[2] (art. 9º, nº 1, alª *f*) CSC[3]). É a cifra que corresponde à soma

---

[*] O texto que agora se publica também integrará os Estudos em homenagem ao Senhor Prof. Doutor Heinrich Edwald Höster.

[**] Professora da Escola de Direito da Universidade do Minho

[1] Sobre a diferenciação usual na doutrina entre as «sociedades de pessoas» e as «sociedades de capitais», cfr., entre nós, ANTÓNIO CAEIRO, «A exclusão estatutária do direito de voto nas sociedades por quotas», in: *Temas de direito das sociedades*, Almedina, Coimbra, 1984, pp. 207 e ss. e, do mesmo autor, «As sociedades de pessoas no Código das Sociedades Comerciais», separata do número especial do *Boletim da Faculdade de Direito da Universidade de Coimbra* (Estudos em homenagem ao Prof. Doutor Eduardo Correia), Coimbra, 1988, pp. 5 e ss. e JORGE MANUEL COUTINHO DE ABREU, *Curso de Direito Comercial*, Vol. II (Das sociedades), 3ª ed., Almedina, Coimbra, 2009, pp. 67 e ss.

[2] Apesar de entendermos que a qualificação deste tipo societário como sociedade de pessoas ou sociedade de capitais apenas se pode fazer atendendo ao caso concreto (nomeadamente, em função de eventuais cláusulas dos estatutos que, p. e., limitem a transmissão das quotas ou, ao invés, a tornem livre), a referência às sociedades por quotas como sociedades de capitais é feita atendendo ao facto de, no que respeita ao tema de que nos ocupamos, estar prevalentemente em causa a consideração de características capitalísticas das socie-

MARIA MIGUEL CARVALHO

dos valores nominais das participações sociais fundadas em entradas em dinheiro e/ou em espécie[4].

A par desta noção formal ou nominal, alguma doutrina refere-se a outra acepção do capital social, indissociável da primeira – o capital social real. Com esta pretende-se referir a existência de uma massa concreta de bens (qualitativamente não determinados), no activo da sociedade, que se destinam (contabilisticamente) a cobrir a cifra do capital social nominal ou formal[5].

O capital social real representa, assim, uma fracção ideal do património da sociedade e corresponde à quantidade ou ao montante de bens de que a sociedade não pode dispor em favor dos sócios, por estar «vinculado» a cobrir o capital social formal.

Com efeito, "a cifra do capital social consta do lado direito do balanço, o que, em conformidade com as regras da contabilidade, implica que a sociedade não possa distribuir aos sócios e retenha no activo liquido da

---

dades (*maxime* a limitação da responsabilidade dos sócios relativamente às dívidas sociais e a obrigatoriedade de existência de capital social).

Defendendo que as sociedades por quotas apresentam características das sociedades de pessoas e de capitais, cfr., entre outros, JOSÉ TAVARES, *Sociedades e empresas comerciais*, 2ª ed., Coimbra Editora, Coimbra, 1924, pp. 208 e s. e COUTINHO DE ABREU, *op. cit.*, pp. 69 e s. Em sentido diferente, considerando-as sociedades de capitais, cfr. LUÍS BRITO CORREIA, *Direito Comercial*, 2º vol. (Sociedades comerciais), AAFDL, 1989, p. 95 e PAULO DE TARSO DOMINGUES, *Do capital social – noção, princípios e funções*, Studia Ivridica, Coimbra Editora, Coimbra, 2ª ed., 2004, p. 26, nota 38; e aproximando-as das sociedades de pessoas, cfr. ANTÓNIO CAEIRO, «As sociedades...», *cit.*, pp. 11 e s.

[3] Código das Sociedades Comerciais, aprovado pelo DL nº 262/86 de 2 de Setembro (alterado diversas vezes, sendo a última resultante do DL nº 53/2011, de 13 de Abril).

Doravante a menção a qualquer artigo sem outra indicação entende-se como respeitante ao CSC.

[4] Neste sentido e para maiores desenvolvimentos sobre o afastamento da definição que, durante largos anos, era referenciada pela doutrina dominante (a correspondência do capital social à soma dos valores das participações sociais), cfr. COUTINHO DE ABREU, *op. cit.*, p. 66; PAULO DE TARSO DOMINGUES, *Variações sobre o capital social*, Almedina, Coimbra, 2009, pp. 47 e s. e, do mesmo autor, «Capital e património sociais, lucros e reservas», in: *Estudos de Direito das Sociedades* (coord. Jorge Manuel Coutinho de Abreu), Almedina, Coimbra, 10ª ed., 2010, pp. 181 e ss.

[5] Entre nós, cfr. PAULO DE TARSO DOMINGUES, *Do capital social...*, cit., pp. 46 e ss.; «Capital...», *cit.*, pp. 184 e ss.

sociedade – do lado esquerdo do balanço – bens cujo valor cubra, ou iguale pelo menos, aquela mesma cifra"[6].

A consideração desta dualidade nas acepções do capital social é especialmente útil quando se pretende explicar as funções que este desempenha[7]. Para os objectivos da presente intervenção é suficiente recordarmos muito sucintamente as funções de garantia e de produção (ou financiamento).

A função de produção pretende destacar o objectivo de reunião dos meios necessários para o desenvolvimento das actividades que a sociedade se propõe exercer. Nesse sentido, "os bens postos em comum pelos sócios e dirigidos à cobertura do capital social não se destinam a ficar intocados no cofre, mas antes a serem utilizados na instalação e exploração da actividade societária, constituindo pois um meio de financiamento da sociedade"[8].

A função de garantia do capital social assenta no facto de este ser um instrumento jurídico que visa a defesa dos credores sociais[9]. Com efeito, a autonomia patrimonial das sociedades de capitais implica a limitação da responsabilidade dos sócios relativamente às dívidas da sociedade[10]. Por conseguinte, recorrendo a um destes tipos societários, os sócios conseguem transferir para terceiros o risco da actividade empresarial.

Para a protecção destes terceiros o legislador adopta uma série de medidas que visam assegurar a entrada, conservação e existência efectivas no património líquido da sociedade de bens cujo valor seja, pelo menos, idêntico à cifra do capital social[11]. Por isso, nestas sociedades o capital social funciona como uma cifra pela qual se especifica para cada sociedade em concreto a quantia em que é fixada a obrigação imposta por lei para a concessão do benefício da limitação da responsabilidade[12].

---

[6] PAULO DE TARSO DOMINGUES, *Variações...*, cit., pp. 53 e s.

[7] Cfr. PAULO DE TARSO DOMINGUES, «Capital...», *cit.*, p. 187.

[8] PAULO DE TARSO DOMINGUES, «Capital...», *cit.*, p. 197. Cfr. ainda JOSÉ DE OLIVEIRA ASCENSÃO, *Direito Comercial*, Vol.IV (Sociedades Comerciais), Lisboa, 1993, p. 147.

[9] Para maiores desenvolvimentos, cfr. PAULO DE TARSO DOMINGUES, *Do capital social...*, cit., pp. 200 e ss. que destaca o facto de o capital social apenas poder ser perspectivado como garantia indirecta e suplementar.

[10] V. arts. 197º, nºs 1 e 3 e 271º.

[11] PAULO DE TARSO DOMINGUES, *Variações...*, cit., p. 564.

[12] ANTONIO PEREZ DE LA CRUZ BLANCO, *La reducción del capital social en sociedades anónimas y de responsabilidad limitada*, Publicaciones del Real Colegio de España en Bolonia, 1973, p. 34, *apud* PAULO DE TARSO DOMINGUES, *Do capital social...*, cit., p. 208, nota 761.

As alterações introduzidas pelo DL nº 33/2011, de 7 de Março no CSC[13], tiveram por objecto o capital social das sociedades por quotas, mais concretamente, o art. 201º, que estabelecia como capital social mínimo legalmente exigido para a constituição de qualquer sociedade por quotas o montante de € 5.000.

Além disso, o diploma citado procedeu a modificações respeitantes à possibilidade de diferimento das entradas (arts. 26º, 199º, 202º e 203º) e ao seu eventual incumprimento (arts. 204º, nº 3 e 205º), ao valor mínimo da quota (arts. 219º, nº 3 e 238º) e ainda às normas que previam o depósito das entradas em dinheiro em contas bancárias abertas em nome da sociedade e regulavam a movimentação das mesmas antes do registo da sociedade (art. 202º, nºs 3 e 5).

Antes de avançarmos impõe-se referir que as alterações introduzidas têm um âmbito de aplicação rigorosamente delimitado: apenas se aplicam às sociedades por quotas que não sejam reguladas por leis especiais e que não dependam de autorização especial. De fora ficam ainda, como não poderia deixar de ser atendendo à Directiva do Capital[14], as sociedades anónimas.

Passemos então a uma brevíssima análise das alterações introduzidas, começando pela que respeita ao capital social.

II. A consagração de um capital social livremente fixado pelos sócios

O DL nº 33/2011 tem por objecto expressamente admitido no seu art.1º, alª a), que o capital social possa ser livremente fixado pelos sócios. Esta

---

[13] Para além destas, o DL nº 33/2011, de 7/3, também procedeu a alterações aos arts. 7º, nº 2 do DL nº 111/2005, de 8 de Julho, e nº 1, alª e), do DL nº 125/2006, de 29 de Junho, que regulam os regimes especiais de constituição imediata e *on-line* de sociedades, no sentido de harmonizar esses normativos – que respeitam à realização das entradas em dinheiro – com a nova possibilidade de diferimento agora prevista no CSC para as SQ e que é objecto de análise mais adiante.

Refira-se ainda que este diploma entrou em vigor 30 dias após a publicação (art. 7º do DL nº 33/2011, de 7 de Março).

[14] Directiva 77/91/CEE do Conselho, de 13 de Dezembro de 1976, no que respeita à constituição da sociedade anónima, bem como à conservação e às modificações do seu capital social, alterada pela Directiva 2006/68/CE do Parlamento Europeu e do Conselho, de 6 de Setembro de 2006, doravante referida como «Directiva do Capital» ou «2ª Directiva» (in: *JO L* 26, de 31 de Janeiro de 1977, pp. 1 e ss.).

ideia é, de resto, vincada pela nova epígrafe do art. 201º (capital social *livre*).

Não obstante o intuito de estabelecer um princípio de *livre* fixação do capital social, este acabou por não ser concretizado em toda a extensão, já que, em rigor, é mantido um limite mínimo para esse capital social.

Com efeito, decorre da letra do art. 201º que o capital social será livremente fixado – não necessariamente no contrato de sociedade, como a norma de forma pouco rigorosa refere, mas sempre no acto constituinte da sociedade, já que este requisito também é aplicável às sociedades unipessoais por quotas (art. 270º-G)[15] –, *correspondendo à soma das quotas subscritas pelos sócios*, ou melhor, correspondendo à soma dos valores nominais das quotas subscritas pelos sócios[16].

Uma vez que, de acordo com a nova redacção do art. 219º, nº 3, as quotas subscritas pelos sócios não podem ter valor nominal inferior a € 1 e que o valor da entrada tem de ser, pelo menos, igual ao valor nominal das participações sociais (art. 25º, nº 1 e art. 199º, alª *b*)) tal significa que continua a existir um capital social *mínimo* legalmente exigido, que corresponderá ao produto da multiplicação de € 1 pelo número de sócios, sendo de € 1 nas sociedades unipessoais por quotas, de € 2 nas sociedades por quotas com dois sócios; de € 3 nas sociedades por quotas com três sócios e assim sucessivamente.

1. Argumentos a favor e contra a imposição legal de um valor mínimo fixo para o capital social

1.1. A função de protecção, defesa ou garantia dos credores

A tradicional imposição de um capital social mínimo para as sociedades por quotas resulta da necessidade de se estabelecer uma contrapartida à limitação da responsabilidade conferida aos sócios deste tipo societá-

---

[15] De resto, o pouco rigor na terminologia utilizada no CSC neste contexto tem sido assinalado pela doutrina. Cfr. COUTINHO DE ABREU, *op. cit.*, p. 103.

[16] Já que o valor da quota subscrita por cada sócio não tem de corresponder, necessariamente, ao valor da sua entrada, *v.g.*, porque os sócios podem entrar para a sociedade com um valor superior ao valor nominal da sua participação social (emissão acima do par; v. art. 25º, nº 1).

MARIA MIGUEL CARVALHO

rio, sendo-lhes exigido que assegurem que exista um fundo patrimonial mínimo que garanta os credores da sociedade[17-18].

A verdade, porém, é que, como vários autores da Europa continental começaram a sublinhar com especial intensidade no último quartel do século passado[19], o capital social não é um instrumento *necessário* a esta finalidade – o que resulta de forma evidente do facto de não terem surgido especiais problemas a este respeito nos ordenamentos jurídicos em que não existe um valor mínimo de capital social (como é o caso do Reino Unido[20] e da esmagadora maioria das legislações estaduais dos EUA[21])[22].

[17] PAULO DE TARSO DOMINGUES, *Variações...*, cit., p. 135. Cfr. também ALEXANDRE MOTA PINTO, «Capital social e tutela dos credores para acabar de vez com o capital social mínimo nas sociedades por quotas», in: *Nos 20 anos do Código das Sociedades Comerciais (Homenagem aos Profs. Doutores A. Ferrer Correia, Orlando de Carvalho e Vasco Lobo Xavier)*, Vol.I (Congresso Empresas e Sociedades), FDUC, Coimbra Editora, 2007, p. 838.

[18] É também essa a fundamentação dos princípios que regem o capital social, nomeadamente o princípio da exacta formação do capital social – que visa lograr o referido objectivo no momento da constituição da sociedade –, o princípio da efectividade do capital social – que tem por objectivo assegurar que os bens que compõem o capital social (real) existem efectivamente no património da sociedade – e o princípio da intangibilidade do capital social – que significa que os sócios «não podem tocar» no capital social (real) no sentido de não poderem ser atribuídos aos sócios bens necessários à cobertura da cifra do capital social (não obstante, como é sabido, este princípio não obsta a que o património líquido da sociedade desça abaixo da cifra do capital social por força dos prejuízos que, eventualmente, a sociedade registe).
Para maiores desenvolvimentos sobre estes princípios, cfr. PAULO DE TARSO DOMINGUES, *Do capital social...*, cit., pp. 200 e ss. e, mais resumidamente, a anotação ao art. 14º, in: AA.Vv., *Código das Sociedades Comerciais em comentário* (coord. Jorge M. Coutinho de Abreu), Vol.I (artigos 1º a 84º), IDET, Almedina, Coimbra, 2010, pp. 256 e ss. Cfr. ainda, do mesmo autor, «Garantias da consistência do património social», in: AA Vv., *Problemas do Direito das Sociedades*, IDET, Almedina, Coimbra, 2008, pp. 497 e ss.

[19] Entre nós, e com abundantes indicações bibliográficas, cfr. PAULO DE TARSO DOMINGUES, *Do capital social...*, cit., pp. 220 e ss.
V. ainda, já no início do séc. XXI, o *Report of the High Level Group of Company Law Experts on a modern regulatory framework for company law in Europe*, presidido por Jaap Winter, apresentado em 4 de Novembro de 2002 (disponível para consulta no sítio: <http://ec.europa.eu/internal_market/company/docs/modern/report_en.pdf>, esp. pp. 78 e ss.) a que nos referimos mais adiante.

[20] Cfr. JENNIFER PAYNE, «Legal Capital in the UK Following the Companies Act 2006», in: *Rationality in Company Law: Essays in Honour of D D Prentice* (eds. J Armour & J Payne), Hart Publishing, Oxford and Portland, Oregon, 2009, pp. 123 e ss., disponível no sítio: <http://ssrn.com/abstract=1118367>.
Para uma visão resumida do sistema jurídico vigente, v. «Feasibility study on an alternative to the capital maintenance regime established by the Second Company Law Directive 77/91/

O NOVO REGIME JURÍDICO DO CAPITAL SOCIAL DAS SOCIEDADES POR QUOTAS

Além disso, o capital social também não é o instrumento *adequado* para garantir os credores sociais porque não o consegue fazer eficaz e satisfatoriamente[23].

Deixando de lado, por agora, o efeito depreciativo causado pela inflação nos montantes mínimos estabelecidos, interessa, desde já, destacar os problemas que resultam do facto de se fixar com carácter geral e abstracto um valor mínimo para o capital social[24].

Na verdade, e em regra, a lei estabelece esse valor mínimo independentemente do objecto da sociedade e do seu volume de negócios. Não cuidamos agora de apreciar a bondade desta opção, nem de saber se será possível estabelecer legalmente um princípio da adequação do capital social ao objecto da sociedade, nem da utilidade do estabelecimento de uma relação mínima entre o «capital próprio» e o «capital alheio»[25].

Para já o que importa é sublinhar que um dos principais obstáculos à finalidade de defesa dos credores assinalada ao capital social resulta do facto de, para muitas sociedades, o valor mínimo do capital social fixado na lei não ser suficiente, não conseguindo resolver o problema das sociedades subcapitalizadas[26].

Recorrendo a um exemplo de PAULO DE TARSO DOMINGUES, "se determinado valor – de € 5 000, por exemplo [e para referirmos o valor vigente até há bem pouco] – pode ser idóneo a constituir a dita «caução» para terceiros no caso de uma mercearia, será com certeza, para esse efeito, desa-

---

EEC of 13 December 1976 and an examination of the impact on profit distribution of the new EU accounting regime», apresentado pela KPMG, em Janeiro de 2008 (disponível para consulta no sítio: <http://ec.europa.eu/internal_market/company/docs/capital/feasibility/study_en.pdf>), pp. 335 e ss.

[21] Neste ordenamento jurídico, o *Model Business Corporation Act* (modelo de lei promovido pela *American Bar Association*) eliminou o capital social em 1980, tendo influenciado grande parte das leis societárias dos Estados dos EUA. Para maiores desenvolvimentos, cfr. PAULO DE TARSO DOMINGUES, «O capital social (ou a falta dele) nos Estados Unidos da América», in: *Revista da Faculdade de Direito da Universidade do Porto*, ano VI, 2009, pp. 471 e ss.

[22] Para uma perspectiva geral, v. *Feasibility study...*, cit., esp. pp. 117 e 155 e ss.

[23] No preâmbulo do DL nº 33/2011, de 7 de Março, é afirmado que "actualmente, o capital social não representa uma verdadeira garantia para os credores e, em geral, para quem se relaciona com a sociedade".

[24] PAULO DE TARSO DOMINGUES, *Do capital social...*, pp. 212 e s.

[25] Aspectos que serão referidos, sucintamente, *infra* (v. 2.1.).

[26] Cfr. ALEXANDRE MOTA PINTO, «Capital social...», *cit.*, pp. 845 e s. Cfr. ainda PAULO OLAVO CUNHA, *Direito das Sociedades Comerciais*, Almedina, Coimbra, 4ª ed., 2010, pp. 408 e ss.

dequado se se tratar de uma siderurgia, hipermercado ou duma fábrica de automóveis"[27].

A subcapitalização a que nos referimos[28] abarca, não apenas, a chamada subcapitalização *formal ou nominal* (i.é., aqueles casos em que, não obstante o capital social formal – a tal cifra que consta do acto constituinte da sociedade, ficar aquém do que seria necessário para o normal desenvolvimento da actividade societária, os sócios suprem as necessidades de capital próprio com capital alheio), mas também a subcapitalização *material* (i.é, a insuficiência de fundos próprios ou alheios para o normal desenvolvimento dessa actividade societária).

Por outro lado, a estipulação de um valor mínimo efectuada sem atender ao objecto e à dimensão da sociedade pode funcionar como uma restrição, injustificada, à liberdade contratual, impedindo a criação de sociedades para a exploração de pequenas empresas que, com o desenvolvimento da sua actividade social, poderiam assumir considerável importância económica[29]. Não obstante, as consequências práticas serão pouco (e neste momento nada) relevantes, dado que, geralmente, o valor mínimo fixado legalmente para o capital social é diminuto[30].

A outra justificação tradicional para a determinação de um valor mínimo para o capital social reconduz-se ao «limiar de seriedade» que a lei pretende estabelecer.

---

[27] PAULO DE TARSO DOMINGUES, *Do capital social...*, p. 212.

[28] E que é abordada de forma mais aprofundada por JORGE M. COUTINHO DE ABREU e MARIA DE FÁTIMA RIBEIRO, v. pp. 37 e ss. e pp. 43 e ss, respectivamente.

[29] PAULO DE TARSO DOMINGUES, *Do capital social...*, cit., pp. 212 e s.
Cfr. também ALEXANDRE MOTA PINTO («Capital social...», *cit.*, pp. 859 e s.) que já defendia a supressão do capital social mínimo, invocando, entre outros argumentos, que tal medida "constitui um estímulo especialmente importante para o surgimento de empresas de prestação de serviços, que praticamente não carecem de investimento de capital". O autor citado refere como exemplos os casos dos barbeiros e electricistas que, pelo facto de terem obrigatoriamente de investir € 5000 para exercerem as respectivas actividades empresariais, sob a forma de uma sociedade por quotas, poderão ser dissuadidos de se estabelecerem, mesmo sendo mais eficientes (por exemplo, no caso dos barbeiros, por se disporem a fornecer a prestação do serviço em casa dos clientes) ou de trabalhadores-estudantes de energia electrotécnica, destacando também as "actividades ligadas ao conhecimento". Este é precisamente o primeiro fundamento invocado no preâmbulo do DL nº 33/2011, de 7 de Março, para a eliminação de um capital mínimo elevado para a constituição de sociedades.

[30] PAULO DE TARSO DOMINGUES, *Do capital social...*, cit., p. 213.

1.2. O «limiar de seriedade» (*Seriositätschwelle*[31])

Como sugestivamente Paulo de Tarso Domingues refere, "a exigência do capital social mínimo assemelha-se a um filtro, com o qual se consegue afastar deste privilégio os agentes economicamente mais débeis, obstando assim à constituição imprudente e irreflectida de sociedades de capitais"[32] que, recorde-se, através da limitação da responsabilidade dos sócios consegue transferir para os credores sociais parte significativa do risco.

Todavia, como o autor citado reconhece, "este obstáculo, posto pelo capital social mínimo (sobretudo quando o valor do mesmo é extremamente baixo, como sucede entre nós [e o autor escrevia na vigência do limite de € 5000], à entrada no tráfego jurídico-económico de sujeitos jurídicos com responsabilidade limitada é, esse sim, extremamente débil"[33].

Efectivamente, o montante mínimo estabelecido tem sido diminuto: dos 5 contos de réis exigidos pelo art. 4º da Lei de 11 de Abril de 1901[34] (e que hoje corresponderiam a cerca de 90.000 euros[35]), passando pelos 400.000$00, impostos pela aprovação do CSC, actualizados, aquando da adaptação à nova moeda[36], para € 5.000,00, até ao montante actual de 1 euro ou 2... Impõe-se a conclusão que o referido filtro está hoje completamente rompido, não permitindo o desenvolvimento desta função.

Às dificuldades que acabámos de apontar às principais razões justificativas da imposição de um valor mínimo para o capital social, acrescem outras que são importantes para um correcto enquadramento da recente alteração legislativa. É o caso da tendência, crescentemente desenhada no âmbito do direito comparado, no sentido da abolição do capital social ou pelo menos da criação de novos subtipos societários com menores exigências quanto ao capital social[37].

---

[31] Cfr. KURT BALLERSTEDT, «Gesellschaftsrechtliche Probleme der Reform des GmbH-Recht», in: *ZHR*, 135 (1971), p. 385.

[32] PAULO DE TARSO DOMINGUES, *Variações...*, cit., p. 132.

[33] PAULO DE TARSO DOMINGUES, *Variações...*, cit., p. 132.

[34] Actualizados, em 1961, para 50.000 escudos.

[35] ALEXANDRE MOTA PINTO, «Capital social...», *cit.*, p. 858.

[36] DL nº 343/98, de 6 de Novembro.

[37] Tendência que influenciou o legislador nacional como resulta do preâmbulo do DL nº 33/2011, de 7 de Março.

1.3. A tendência no âmbito do Direito comparado: a abertura ao *law shopping*

Com efeito, o instituto do capital social no direito societário continental europeu está em crise. Para essa crise do capital social foram determinantes, e recorrendo a uma expressão cada vez mais utilizada neste contexto, "os ventos que sopram da América do Norte"[38] e do "direito comunitário"[39].

Como já foi referido, nos EUA, o capital social foi eliminado do *Model Business Corporation Act* e, por sua influência, não se encontra hoje na esmagadora maioria dos Estados da União[40].

No contexto da União Europeia importa destacar que a Comissão Europeia, consciente da intensificação das críticas ao capital social, na sua importantíssima comunicação ao Conselho e ao Parlamento, em 2003, intitulada «Modernizar o direito das sociedades e reforçar o governo das sociedades na União Europeia»[41], no plano de acção então traçado sobre esta matéria, estabeleceu que a curto prazo (i.e., até 2005), a Comissão deveria propor a alteração da Segunda Directiva[42], no sentido de se instituir um regime do capital social "mais simples e moderno", medida que já está executada[43-44]; a médio prazo (entre 2006 e 2008) deveria

---

[38] PAULO DE TARSO DOMINGUES, *Variações...*, cit., p. 11.

[39] ALEXANDRE MOTA PINTO, «Capital social...», *cit.*,p. 851.

[40] Como é referido por PAULO DE TARSO DOMINGUES («O capital social (ou a falta dele) nos Estados Unidos da América», *cit.*, p. 493), "a partir da década de 60 do século passado, as legislações dos diferentes Estados começaram a não estipular qualquer capital social mínimo para a constituição de uma sociedade, acontecendo que, hoje, apenas quatro Estados mantêm tal exigência [Oklahoma, Texas, Dakota do Sul e Washington DC]".

[41] Disponível para consulta no sítio: <http://eur-lex.europa.eu/LexUriServ/LexUriServ.do? uri=CELEX:52003DC0284:PT:HTML>.

[42] Esta Directiva, como já foi referido, é imperativa para as sociedades anónimas. Todavia, muitos Estados-membros (entre os quais Portugal) procederam à sua transposição abrangendo os tipos correspondentes às nossas sociedades por quotas.

[43] V. Directiva 2006/68/CE do Parlamento Europeu e do Conselho, de 6/9/2006, que procedeu à alteração da Directiva do Capital.

[44] Não obstante, os esforços de simplificação podem não ter sido eficazes, o que se revela especialmente prejudicial no que respeita às PME's. Neste sentido, v. *Report of the Reflection Group On the Future of EU Company Law,* apresentado em Bruxelas, em 5 de Abril de 2011, pelo Grupo de Reflexão sobre o futuro do Direito Societário da União Europeia, nomeado pela Comissão Europeia, em Dezembro de 2010, com vista à conferência subordinada àquele tema e que teve lugar nos dias 16 e 17 de Maio (v. sítio <http://ec.europa.eu/internal_market/ company/docs/modern/reflectiongroup_report_en.pdf>).

O NOVO REGIME JURÍDICO DO CAPITAL SOCIAL DAS SOCIEDADES POR QUOTAS

realizar-se um estudo sobre a viabilidade de uma solução alternativa ao regime da manutenção do capital social – que também já se encontra concluído[45]; e a longo prazo (a partir de 2009) deveria privilegiar-se a alteração da Segunda Directiva sobre sociedades, tendo em vista a "eventual" introdução de um sistema alternativo ao regime do capital social (em função dos resultados do estudo de viabilidade efectuado).

No âmbito das medidas legislativas projectadas, importa realçar a possibilidade de vir a ser aprovado o Regulamento relativo à Sociedade Privada Europeia – novo tipo societário comunitário especialmente adequado às PME's – que conta, pelo menos de acordo com a última proposta, com um capital social mínimo de € 1[46].

Ainda no que respeita ao direito comunitário, impõe-se referir a jurisprudência do TJ nesta matéria, que abriu o chamado «law shopping» na UE, tendo originado a chamada «harmonização reflexiva ou por via reflexa»[47] das legislações dos Estados Membros.

Com efeito, o TJ declarou, no acórdão proferido, em 9 de Março de 1999, no caso «Centros»[48], e reafirmou-o no acórdão proferido, em 30 de Setembro de 2003, no caso «Inspire Art»[49], a incompatibilidade entre o capital social mínimo e a liberdade de estabelecimento consignada no TFUE[50].

---

[45] V. *supra Feasibility study in capital maintenance*, cit.

[46] A proposta de Regulamento sobre o Estatuto da Sociedade Privada Europeia (COM (2008) 396/3, documento disponível no sítio: <http://ec.europa.eu/internal_market/com­pany/docs/epc/proposal_en.pdf>) foi objecto da Resolução legislativa do Parlamento Europeu, de 10 de Março de 2009, que a aprovou com alterações (<http://www.europarl.europa. eu/sides/getDoc.do?type=TA&reference=P6-TA-2009-0094&language=PT>).

[47] GUNTHER TEUBNER *apud* ALEXANDRE MOTA PINTO, «Capital social...», *cit.*, p. 854.

[48] Ac. do TJ, de 9 de Março de 1999, proferido no proc. C-212/97, disponível no sítio: <http:// curia.europa.eu/jurisp/cgi-bin/form.pl?lang=pt>.
Sobre este acórdão, cfr., entre nós, MARIA ÂNGELA COELHO, «A liberdade de estabelecimento das sociedades na União Europeia», in: *Temas de Integração*, n°s 15 e 16, 2003, pp. 283 e ss. e ALEXANDRE MOTA PINTO, «Capital social...», *cit.*, pp. 851 e s.

[49] Sobre este acórdão, cfr., entre nós, MARIA ÂNGELA COELHO, «O Acórdão Inspire Art Ltd.: o novo incentivo jurisprudencial à mobilidade das sociedades na União Europeia», in: *Temas de Integração*, n° 17, 2004, pp. 123 e ss. e ALEXANDRE MOTA PINTO, «Capital social...», *cit.*, p. 852.

[50] Cfr. PAULO DE TARSO DOMINGUES (*Variações...*, cit., p. 142) que salienta que o TJ "fixou, de forma reiterada e consistente, jurisprudência no sentido de que um Estado-membro não pode colocar exigências ou restrições (excepto na medida em que se destinem a prevenir ou sancionar comportamentos abusivos ou fraudulentos) a que uma sociedade, regularmente constituída em conformidade com a legislação de um outro Estado-membro, exerça

Em ambos os casos, tratava-se de *private limited companies* inglesas (equivalentes às nossas sociedades por quotas) constituídas, respectivamente, por cidadãos dinamarqueses (no caso «Centros») e holandeses (no caso «Inspire Art»), que ali constituíram sociedades para beneficiar do regime mais favorável consagrado pelo direito britânico – nomeadamente em matéria de capital social mínimo –, mas que se destinavam a exercer a sua actividade, principal ou mesmo exclusivamente, no país de que eram nacionais os respectivos sócios.

A jurisprudência que acabamos de referir começou já a surtir efeitos, na medida em que vários Estados-membros com o objectivo, mais ou menos abertamente assumido, de obstar à «fuga» das «suas» sociedades para outros ordenamentos jurídicos onde conseguissem um tratamento mais favorável, alteraram as respectivas legislações, prescindindo do capital social mínimo, embora nem sempre em termos equivalentes.

Atente-se, por exemplo, nos casos da França onde, em 2003, foi aprovada a *Loi pour l'initiative economique*, que aboliu o capital social para as *SARL*[51]; da Espanha que, também em 2003, criou um subtipo de *SRL*, a *sociedad limitada nueva empresa*, em que não se prescindindo do capital social, diminuiu-se o seu valor de forma muito expressiva[52]; e ainda da Alemanha que, em 2008[53], procedeu a uma importantíssima reforma no âmbito das *GmbH* correspondentes às nossas sociedades por quotas (e que, recorde-se, foi a fonte da introdução em Portugal destas últimas), referimo-nos à *MoMiG* (Lei para a modernização do direito da GmbH e para o combate aos abusos)[54]. Aqui foi criado um subtipo de *GmbH*: a

– ainda que a título principal ou até exclusivamente – a respectiva actividade no seu território nacional, uma vez que tal comportamento consubstanciaria uma violação do princípio da liberdade de estabelecimento consagrada nos artigos 43º e 48º do Tratado CE".

[51] Loi nº 2003-721, du 1er août 2003, pour l'initiative économique (*JORF*, de 5 de Agosto de 2003, também disponível para consulta no sítio: <http://www.legifrance.gouv.fr>). Para uma visão resumida do sistema vigente, v. *Feasibility study...*, cit., pp. 314 e ss.

[52] *Ley 7/2003, de 1 de abril* (*BOE* nº 79, de 2 de abril de 2003) que alterou a *Ley 2/1995, de 23 de marzo, de Sociedades de Responsabilidad Limitada*.

[53] De resto, já em 2005 havia sido aprovado um projecto de lei para a reforma do capital social mínimo da *GmbH*, que contemplava a sua redução para € 10.000 (projecto este que ficou sem efeito graças à queda do governo entretanto verificada, como é referido por PAULO DE TARSO DOMINGUES, *Variações...*, cit., p. 124, nota 470).

[54] *Modernisierung des GmbH-Rechts und zur Bekämpfung von Missbräuchen,Vom 23. Oktober 2008* (BGBl. I S. 2026, Nr. 48). Para uma visão sintética do sistema vigente, cfr. *Feasibility study...*, cit., pp. 326 e ss.

GmbH UG (haftungsbeschränkte Unternehmergesellschaft) – «sociedade empresária de responsabilidade limitada»[55] – , que pode ser constituída com um capital social de € 1, que deve ser aumentado com os lucros da sociedade até ao mínimo de 25.000, e que tem de conter na firma a referência ao subtipo de que se trata[56].

Entre nós, vários autores chamaram a atenção para a necessidade de alterar esta situação já que corríamos o risco da chamada «discriminação às avessas»[57] e/ou de «fuga» das sociedades portuguesas para outras ordens jurídicas[58].

1.4. A redução dos custos de contexto e dos encargos administrativos para as empresas

Alguns destes argumentos, como fomos referindo, constam do preâmbulo do DL nº 33/2011, de 7 de Março, como justificações para as alterações agora introduzidas. Uma das primeiras, também usualmente referida neste contexto, respeita à necessidade de reduzir os custos de contexto e dos encargos administrativos para as empresas.

Todavia, este problema não é resolvido pela simples redução ao mínimo do capital social já que existem muitos outros custos e encar-

---

[55] Também apelidada de «mini-GmbH» ou «GmbH-light», cfr., entre outros, JESSICA SCHMIDT, «The New Unternehmergesellschaft (Entrepreneurial Company) and the Limited – A Comparison», in: *German Law Journal*, 2008, vol.9, nº 9, p. 1093 (disponível no sítio: <http://www.germanlawjournal.com/index.php?pageID=11&artID=990>).

[56] Cfr., entre outros, MICHAEL BEURSKENS/ULRICH NOACK, «The Reform of German Private Limited Company: Is the GmbH Ready for the 21st Century?», in: *German Law Journal*, 2008, vol.9, nº 9, pp. 1069 e ss., esp. 1083 e ss. (disponível no sítio: <http://www.germanlawjournal.com/article.php?id=989>) e JESSICA SCHMIDT, *op. cit.*, pp. 1095 e ss.

[57] ALEXANDRE MOTA PINTO, «Capital social...», *cit.*, pp. 852 e s. Como este autor referia em momento anterior à alteração legislativa objecto do presente estudo, "(...) um cidadão inglês poderá exercer toda a sua actividade empresarial, em Portugal (...), através de uma representação permanente de uma sociedade de responsabilidade limitada de direito inglês, com um capital social de 1 libra! (...)
Mas, se um cidadão português quiser realizar a mesmíssima actividade, no seu próprio país, através de uma sociedade por quotas, já terá de desembolsar 5 000 Euros, para subscrever e realizar o montante mínimo de capital prescrito na lei portuguesa".

[58] ALEXANDRE MOTA PINTO, «Capital social...», *cit.*, p. 853 e PAULO DE TARSO DOMINGUES, «Capital» cit., p. 181, n. 26.
O primeiro autor citado chega mesmo a referir que a supressão do capital social mínimo poderá gerar o fenómeno inverso: "a constituição, em Portugal, de muitas sociedades cujas actividades serão exercidas, noutros países da Comunidade Europeia, através de represen-

gos que podem influenciar a vontade de arriscar e investir num projecto empresarial e sobretudo a vontade de o fazer cessar.

Esclarecidas as razões justificativas da consagração de um capital social mínimo, e sobretudo as principais dificuldades que a mesma enfrenta, importa referir o regime instituído pelo DL nº 33/2011, de 7 de Março, a este respeito.

2. O regime instituído pelo DL nº 33/2011, de 7 de Março

O art. 201º preceitua hoje que o montante do capital social é livremente fixado no contrato de sociedade. A primeira questão que se coloca é então a de determinar o que significa ser livremente fixado no contrato de sociedade.

2.1. Princípio da adequação (ou da congruência) do capital ao objecto da sociedade

Para alguns esta disposição poderá ser lida como a consagração do princípio da adequação ou da congruência do capital ao objecto da sociedade: a implementação de uma relação reputada adequada entre capitais próprio e alheio por referência ao tipo e volume de actividade[59].

Todavia, esta possibilidade, apesar de adoptada nalguns ordenamentos jurídicos[60], depara com alguns obstáculos. Desde logo, porque não é estabelecido nenhum critério objectivo, o que de resto seria extremamente difícil já que não são conhecidos critérios económicos minimamente seguros[61].

tações permanentes de sociedades por quotas portuguesas" e que "esta medida tornará o direito português das sociedades por quotas mais *"competitivo"* e constituirá um primeiro e pequeno passo, na tentativa de afirmação de Portugal como o verdadeiro *"Delaware"* europeu" (*ult.op. cit.*, p. 860), numa clara alusão àquele que é o mais competitivo dos Estados que integram os EUA no âmbito do direito societário (recorde-se que foram constituídas neste Estado cerca de metade das sociedades cujas acções foram admitidas à negociação na Bolsa de Nova Iorque, o mesmo sucedendo com cerca de 60% das 500 empresas listadas na *Fortune*).

[59] ALEXANDRE MOTA PINTO, *Do contrato de suprimento – o financiamento da sociedade entre capital próprio e capital alheio*, Almedina, Coimbra, 2002, p. 85.

[60] Para maiores desenvolvimentos, cfr. PAULO DE TARSO DOMINGUES, *Do capital social...*, cit., pp. 238 e ss.

[61] Assim, cfr. PAULO DE TARSO DOMINGUES, *Do capital social...*, cit., p. 239 e ALEXANDRE MOTA PINTO, «Capital social...», *cit.*, p. 857 e *Do contrato de suprimento...*, cit., pp. 86 e s.

O NOVO REGIME JURÍDICO DO CAPITAL SOCIAL DAS SOCIEDADES POR QUOTAS

Por outro lado, como alguns autores já referiram, este princípio estaria de certa forma em contradição com a natureza incerta e variável do risco empresarial, sendo ainda certo que as necessidades variam de acordo com os ciclos do desenvolvimento económico da empresa[62-63].

Acresce que dificilmente se poderia proceder ao controlo deste princípio no momento da constituição da sociedade[64]. Como poderão os conservadores do registo comercial aferir a legalidade do acto constituinte da sociedade, que implicaria opinarem sobre o mérito ou viabilidade da empresa em função da relação entre o objecto social e o capital desejado?[65]

Estas dificuldades, para alguns verdadeiras impossibilidades[66], de ordem prática pela insegurança jurídica que fundamentariam poderiam ainda reflectir-se muito negativamente na economia e na livre iniciativa económica[67].

---

[62] ALEXANDRE MOTA PINTO, *Do contrato de suprimento...*, cit., pp. 87 e s.

[63] Daí que também não seja eficaz, por si só, para evitar a subcapitalização superveniente (PAULO DE TARSO DOMINGUES, *Do capital social...*, cit., p. 241 e p. 244). Sobre a utilização *a posteriori* do dever de adequação do capital ao objecto social nos casos de subcapitalização, cfr. ALEXANDRE MOTA PINTO, *Do contrato de suprimento*, cit., pp. 94 e ss.

[64] Defendendo essa possibilidade relativamente aos casos de "sub-capitalização *manifesta e totalmente impeditiva* da realização do objecto social" (itálicos nossos), quando ainda era exigida escritura pública para a constituição de sociedades, cfr. PAULO DE TARSO DOMINGUES, *Do capital social...*, cit., pp. 242 e s., seguindo alguma doutrina italiana.

Mais recentemente, o Autor citado defende a eliminação do capital social mínimo e sublinha que essa eliminação pode conduzir ao reforço das funções de financiamento e de garantia, já que "os sócios [podendo ser pessoalmente responsabilizados em caso de subcapitalização manifesta pelas dívidas da sociedade, através do instituto da desconsideração da personalidade jurídica] deverão ter um redobrado cuidado em financiar e proporcionar à sociedade os meios minimamente adequados ao exercício do objecto social (...)" (*Variações...*, cit., p. 171).

[65] No mesmo sentido, cfr. ALEXANDRE MOTA PINTO, «Do capital social...», *cit.*, pp. 857 e s. e *Do contrato de suprimento*, cit., pp. 91 e s. O autor citado apoia, porém, "a atribuição de um poder de controlo da constituição da sociedade, não com o objectivo de fiscalizar sempre a adequação entre o capital e o objecto social, mas, apenas, no intuito de impedir uma utilização *fraudulenta*, ou, em violação dos bons costumes, do tipo de sociedade de responsabilidade limitada, com o objectivo de prejudicar os credores sociais através de uma subcapitalização intencional e manifesta da sociedade" (*ult. op. cit.*, p. 92).

[66] Cfr. ALEXANDRE MOTA PINTO, «Do capital social...», *cit.*, p. 857 e *Do contrato de suprimento*, cit., p. 91.

[67] Cfr. ALEXANDRE MOTA PINTO, «Do capital social...», *cit.*, p. 858 que refere como exemplo a hipótese de ter sido recusada a constituição da sociedade «Microsoft» por desadequação do capital social.

MARIA MIGUEL CARVALHO

A existência do referido princípio depara ainda com o obstáculo resultante de não existir na lei qualquer indício nesse sentido, tanto mais que é a própria lei que refere, em termos gerais e abstractos, um capital social mínimo que variará em função do nº de sócios/participações sociais[68]. Ou seja, é a lei – paradoxalmente mais agora do que no passado – que admite a existência de sociedades manifestamente subcapitalizadas.

2.2. Princípio geral do financiamento ordenado das sociedades

Outros autores defendiam já ao abrigo do regime jurídico anterior a existência de um princípio geral de financiamento ordenado da sociedade (e o correlativo dever geral de diligência dos sócios), que significaria que os sócios são livres no financiamento da sociedade, mas se procederem em concreto de forma desordenada, podem ser responsabilizados perante a sociedade pelos efeitos desse financiamento nos casos mais graves e de manifesta subcapitalização.

Em apoio desta tese invoca-se, entre outros argumentos, que decorre do próprio contrato de sociedade que "os sócios devem, (...), proceder como *comerciantes normalmente diligentes no financiamento da sociedade*. Dentro deste dever geral de diligência, ou de ordenação do financiamento da sociedade, encontramos, certamente, o dever de dotar a sociedade com um *capital próprio* minimamente adequado ao seu volume de negócios e aos riscos da sua actividade, dever, este, destinado à protecção dos credores sociais"[69].

Apesar de concordarmos que, nestas hipóteses, se consegue alguma protecção para a sociedade e, indirectamente, para os seus credores, a verdade é que subsistem muitas das críticas referidas a propósito do princípio da adequação (ou da congruência) do capital ao objecto da sociedade, *maxime* o que respeita à insegurança jurídica fomentada.

---

[68] PAULO DE TARSO DOMINGUES, *Do capital social...*, cit., p. 241. O autor citado defendeu nesta obra a possibilidade de se justificar *de iure condendo* a consagração nos ordenamentos jurídicos europeus de um sistema semelhante ao adoptado no *California Corporations Code* (1975), ou seja, um «coeficiente de solvência» ("uma relação mínima entre capitais próprios e alheios"), *ult.op. cit.*, p. 247.

[69] ALEXANDRE MOTA PINTO, *Do contrato de suprimento...*, cit., pp. 130 e ss.

2.3. Consequências

Gostaríamos muito de pensar que o facto de a lei permitir que o capital social seja livremente fixado e que, no mínimo, seja de 1 ou 2 euros... não signifique que, na prática, o seja[70].

Gostaríamos muito de pensar que os sócios de uma sociedade vão tentar dotá-la do capital próprio necessário para a prossecução, com estabilidade, da actividade proposta[71]. Não obstante, antevemos que, na prática, tal possa não suceder[72]. E quando tal não suceder importa acautelar, desde logo, os riscos dos credores dessas sociedades[73] e colocar de sobreaviso os próprios sócios das mesmas.

Sobre estas matérias existem algumas disposições legais que poderão revestir importância. Com efeito, a opção pelo capital social livremente fixado pelos sócios, nos moldes expostos, pelos problemas que suscita, derivados fundamentalmente do cumprimento da sua pretensa função de garantia, poderá implicar a responsabilidade do sócio único e dos gerentes em determinadas condições[74], admitindo-se ainda a possibilidade de,

---

[70] PAULO DE TARSO DOMINGUES (*Variações...*, cit., p. 12) referindo-se à eliminação do capital social mínimo afirma: "Como já alguém disse: capital 0 (ou quase 0) não é igual a 0 capital". Também ALEXANDRE MOTA PINTO («Capital social...», *cit.*, p. 860) refere que "a proposta (...) [de supressão do capital social mínimo] não ordena ou indica aos sócios a constituição de sociedades por quotas com um capital irrisório, limitando-se a assegurar-lhes um espaço de total liberdade".

[71] Sem que tal signifique, obviamente, que tenham de prover a sociedade apenas com capitais próprios.

[72] De resto, como refere PAULO DE TARSO DOMINGUES (*Variações...*, cit., p. 168), "na maioria dos casos, dificilmente uma sociedade poderá prosperar e desenvolver-se com tão exíguos recursos".

[73] ALEXANDRE MOTA PINTO refere-se à correcção *ex post* do resultado (que lese os credores sociais) da subcapitalização manifesta da sociedade, *Do contrato de suprimento*, cit., p. 98.

[74] Neste sentido, cfr. ALEXANDRE MOTA PINTO, «Capital social...», *cit.*, p. 861, que refere ainda o recurso às normas que, no direito da falência, impõem a responsabilidade dos gerentes. Cfr. também MARIA DE FÁTIMA RIBEIRO (*A tutela dos credores da sociedade por quotas e a "desconsideração da personalidade jurídica"*, Almedina, Coimbra, 2009, p. 640) que defende que "(...) uma vez constituída uma sociedade por quotas, cabe à gerência dessa sociedade o dever de não prosseguir a actividade que constitui o objecto social, se não existir um nível de capitalização adequado", sendo "nesse âmbito que é importante que a lei estabeleça especificamente a responsabilidade dos gerentes de direito e de facto, perante os credores sociais, pelos seus comportamentos, quando aqueles possam ter provocado ou agravado a insolvência da sociedade, bem como pela sua actuação na situação em que a sociedade está próxima da insolvência".

MARIA MIGUEL CARVALHO

pelo recurso à desconsideração da personalidade jurídica nos casos de sociedades por quotas manifestamente subcapitalizadas, os sócios (ou, pelo menos, alguns deles[75]) serem responsabilizados pessoalmente pelas dívidas sociais[76].

Estas possíveis formas *sancionatórias* serão objecto das intervenções que se seguem[77], pelo que não as desenvolverei, optando por chamar a atenção para três pontos que considero relevantes.

Um respeita à necessidade de os credores sociais se acautelarem exigindo outras garantias às sociedades por quotas, aos seus sócios e/ou gerentes – ou seja, reforçar aquela que é já a prática, pelo menos relativamente aos credores fortes[78-79].

O outro prende-se com os potenciais efeitos nefastos que uma eventual má utilização generalizada da liberdade de financiamento possa causar à imagem das sociedades por quotas em geral, acabando afinal por afastar o empreendedorismo pretendido.

O último tem a ver com as outras alterações introduzidas pelo DL nº 33/2011, de 7 de Março, e que a meu ver aumentam exponencialmente

---

[75] ALEXANDRE MOTA PINTO, *Do contrato suprimento*, cit., p. 127.

[76] Desenvolvidamente sobre a desconsideração da personalidade jurídica da sociedade como meio de tutela dos credores sociais (e afastando-a nos casos de subcapitalização material, "uma vez que sobre os sócios não recai a obrigação legal de capitalização adequada da sociedade") e outras formas de responsabilidade dos sócios perante os credores sociais e perante a sociedade, cfr. MARIA DE FÁTIMA RIBEIRO, *A tutela...*, cit., esp. pp. 65 e ss. V. ainda a nota seguinte.

Em sentido diferente, cfr. JORGE M. COUTINHO DE ABREU, *Curso..., cit.*, pp. 181 e s. que refere o caso de subcapitalização material manifesta das sociedades como uma das hipóteses reveladoras de problemas de desconsideração da personalidade jurídica da sociedade.

[77] Cfr. JORGE M. COUTINHO DE ABREU, «Subcapitalização de sociedade e desconsideração da personalidade jurídica», pp. 37 e ss.; MARIA ELISABETE RAMOS, «Capital social livre? Reflexões em torno das responsabilidades dos sócios e dos gerentes», pp. 85 e ss. e MARIA DE FÁTIMA RIBEIRO, «O capital social das sociedades por quotas e o problema da subcapitalização material», pp. 43 e ss.

[78] PEDRO PAIS DE VASCONCELOS, *A participação social nas sociedades comerciais*, Almedina, Coimbra, 2ª ed., 2006, p. 274, afirma mesmo que esta prática é socialmente típica.

Repare-se que, quando se verifique esta responsabilização dos sócios pelas dívidas sociais, tal significa que se acaba por aproximar estas sociedades por quotas das «sociedades de pessoas».

[79] Os credores «fortes» são aqueles que têm a possibilidade de se auto-defender (nomeadamente, exigindo a prestação de garantias adicionais para a concessão do crédito). Cfr., entre outros, ALEXANDRE MOTA PINTO, «Capital social...», p. 840.

O NOVO REGIME JURÍDICO DO CAPITAL SOCIAL DAS SOCIEDADES POR QUOTAS

todos estes riscos. Estas outras alterações respeitam fundamentalmente à obrigação de entrada.

III. As alterações relativas à obrigação de entrada

1. O carácter essencial da obrigação de entrada
A obrigação de entrada mantém-se, como não poderia deixar de ser, uma vez que tal decorre do próprio conceito de sociedade (art. 980º CC)[80].

2. O cumprimento da obrigação de entrada

2.1. Tipos de entrada admitidos
Os tipos de entrada admissíveis para cada tipo societário também não sofreram mudanças. Todavia, o DL nº 33/2011, de 7 de Março, alterou significativamente o regime relativo ao diferimento das entradas no âmbito das sociedades por quotas.

2.2. Momento do cumprimento da obrigação de entrada

2.2.1. A regra do cumprimento até ao acto constituinte da sociedade e as possibilidades de diferimento
Com efeito, e apesar da manutenção da regra segundo a qual as entradas dos sócios devem ser realizadas até ao momento da celebração do contrato de sociedade (*rectius* do acto constituinte da sociedade (art. 26º, nº 1)) e da subsistência do desvio anteriormente consagrado na parte final do artigo (que surge agora no nº 3), foi autonomizada uma outra excepção no nº 2 do art. 26º: "Sempre que a lei o permita, as entradas podem ser realizadas até ao termo do 1º exercício económico, a contar da data do registo definitivo do contrato de sociedade".

---

[80] Cfr. PEDRO PAIS DE VASCONCELOS, *op. cit.*, pp. 259 e ss.; PAULO OLAVO CUNHA, *op. cit.*, pp. 266 e ss.; PAULO DE TARSO DOMINGUES, comentário ao art. 20º, in: *Código das Sociedades Comerciais em Comentário* (Coord. Jorge M. Coutinho de Abreu), IDET/Almedina, Coimbra, Vol. I, 2010, pp. 338 e ss.

2.2.1.1. A terminologia utilizada para as duas hipóteses de diferimento do cumprimento da obrigação de entrada

Antes de procedermos a uma brevíssima apreciação das alterações referidas, importa desde já chamar a atenção para a terminologia adoptada que, apesar de em ambos os casos estar em causa um diferimento, um adiamento relativo ao cumprimento da obrigação de entrada, é diferente consoante se refira à excepção permitida pelo nº 2 – onde são referidas as «entradas a realizar até ao termo do 1º exercício económico» – ou pelo nº 3 – que se refere a «entradas diferidas».

Esta nomenclatura diferenciada mantém-se nas normas que respeitam especificamente à obrigação de entrada no âmbito das sociedades por quotas, ou seja, nos arts. 199º, alª *b*) (elementos específicos do acto constituinte das sociedades por quotas), 202º, nº 4, nº 6 e 203º, nº 1.

A diferente terminologia utilizada pode suscitar dúvidas, p. e., no que respeita à possível aplicação dos arts. 204º e ss. aos casos de incumprimento «das entradas a realizar até ao termo do 1º exercício económico», uma vez que o art. 204º se refere ao caso previsto no artigo anterior, ou seja, tem em vista os casos de incumprimento da liberação da obrigação de entrada em dinheiro que tenha sido objecto de diferimento previsto no acto constituinte da sociedade.

Não obstante, parece que se impõe uma interpretação actualista da norma, admitindo, por conseguinte, que – nos casos de incumprimento da obrigação de entrada diferida até ao termo do 1º exercício económico (agora permitido) – a sociedade, após a interpelação do sócio remisso para o cumprimento da sua obrigação (nos termos do CC) e perante o não cumprimento por parte do referido sócio, possa optar por recorrer ao procedimento especial de execução previsto nos arts. 204º e s.[81]. As razões que justificam a existência desta possibilidade para os casos de diferimento previstos no nº 3 do art.26º são exactamente as mesmas para o caso do nº 2.

---

[81] Se o sócio não efectuar, no prazo fixado na interpelação, a prestação a que está obrigado, a sociedade deve avisá-lo, por carta registada, de que a partir do 30º dia seguinte à recepção da carta, pode ser excluído e perder total ou parcialmente a quota.

Se ainda assim não efectuar o pagamento naquele prazo, a sociedade pode deliberar a exclusão e a perda total ou parcial, bem como os pagamentos já realizados. Esta quota (perdida a favor da sociedade) será depois vendida a terceiros ou a sócios.

Cfr. JORGE M. COUTINHO DE ABREU, *Curso...*, *cit.*, pp. 284 e ss.

2.2.1.2. O caso de diferimento previsto no art. 26º, nº 2

Passando à análise dos diferimentos possíveis, começamos por nos referir à primeira hipótese – a novidade introduzida pelo DL nº 33/2011, no art. 26º, nº 2: "Sempre que a lei o permita, as entradas podem ser realizadas até ao termo do 1º exercício económico, a contar da data do registo definitivo do contrato de sociedade".

A lei permite este diferimento no caso das sociedades por quotas, já que o art. 202º, nº 4, *in fine*, preceitua agora que: "os sócios devem declarar (...) que se comprometem a entregar, até ao final do 1º exercício económico, as respectivas entradas nos cofres da sociedade", o que é confirmado pelo art. 199º, que obriga a que conste do acto constituinte da sociedade por quotas, "o montante das entradas realizadas por cada sócio no momento do acto constitutivo ou a realizar até ao termo do primeiro exercício económico" (alª b)).

Esta situação, a verificar-se, implica ainda que os sócios declarem, sob sua responsabilidade, na primeira assembleia geral anual da sociedade posterior ao fim de tal prazo, que já procederam à entrega do respectivo valor nos cofres da sociedade" (art. 202º, nº 6).

2.2.1.2.1. Tipos de entradas cujo diferimento é possível na hipótese do art. 26º, nº 2

Ao contrário do que decorre da possibilidade de diferimento prevista no nº 3 do art. 26º que está – como esteve até agora – limitada ao diferimento de entradas em dinheiro, o art. 26º, nº 2 refere-se unicamente às «entradas».

A diferente terminologia utilizada permite questionar se é agora possível o diferimento de entradas em bens diferentes de dinheiro[82] nas sociedades por quotas[83] até ao termo do primeiro exercício económico, sempre que a lei o permita.

Com efeito, o legislador habitualmente utiliza as expressões «entradas» para se referir genericamente aos tipos de entradas possíveis e, quando

---

[82] Apenas estas interessam, dado que nas sociedades por quotas, tal como nas sociedades anónimas, não são admitidas contribuições de indústria (art.202º, nº 1).

[83] Para já a questão só se coloca para as sociedades por quotas, não obstante nada impede que o legislador alargue esta hipótese também às sociedades anónimas. Designadamente, a Directiva do Capital não se opõe – antes prevê – esta possibilidade.

MARIA MIGUEL CARVALHO

pretende especificar algum desses tipos, adopta as expressões «entradas em dinheiro», «entradas em espécie» ou «entradas em bens diferentes de dinheiro» e «contribuições de indústria».

Atendendo a que se trata de uma solução que diverge manifestamente do regime anterior e que respeita à principal obrigação dos sócios, seria curial que, caso fosse esta a vontade do legislador, este a tivesse explicitado melhor, obviando às dúvidas que possam surgir a este respeito. Além disso, contra a admissibilidade do diferimento das entradas em espécie milita o facto de ser referido no nº 6 do art. 202º, que os sócios devem declarar, sob sua responsabilidade, na primeira assembleia geral anual da sociedade posterior ao fim de tal prazo, que já procederam à entrega do respectivo valor nos cofres da sociedade. Ora nas entradas em espécie o valor está no próprio bem pelo que não parece fazer muito sentido a entrega do valor e nos cofres da sociedade[84].

2.2.1.2.2. Montante máximo para o diferimento – remissão

2.2.1.2.3. A determinação do prazo do diferimento

O art. 26º, nº 2 suscita ainda um outro problema. A norma estabelece que «sempre que a lei o permita, as entradas podem ser realizadas até ao termo do 1º exercício económico, a contar da data do registo definitivo do contrato de sociedade».

A atribuição de relevância para estes efeitos à data do registo definitivo do contrato de sociedade não se percebe[85], já que coloca o problema do controlo do diferimento na hipótese de o contrato não vir a ser registado ou não o ser nos prazos legais. Em qualquer caso, pensamos que o diferimento não poderá valer por mais de 5 anos, aplicando-se o disposto no art. 203º, nº 1, como referimos anteriormente.

Ainda no que respeita ao prazo para o diferimento na hipótese do nº 2 do art.26º também não se percebe bem a razão da opção pelo «termo do *1º exercício económico*»...

---

[84] PAULO OLAVO CUNHA (*Direito das Sociedades Comerciais*, cit., p. 272), escrevendo em momento anterior à alteração legislativa objecto deste estudo, defendia que "(...) as entradas em espécie devem ser todas realizadas no momento da constituição da sociedade uma vez que, existindo os bens, não se vê que tenha especial interesse diferir a sua entrega à sociedade".
[85] Com efeito, as normas respeitantes ao diferimento de entradas reportam-se ao momento da celebração do contrato (*v.g.*, arts. 26º, nº 1; 199º, alª b); 203º, nº 1).

O NOVO REGIME JURÍDICO DO CAPITAL SOCIAL DAS SOCIEDADES POR QUOTAS

2.2.1.3. O caso de diferimento previsto no art. 26º, nº 3

A excepção do nº 3 corresponde à autonomização da que constava do art. 26º, *in fine*, sendo possível o diferimento das entradas em dinheiro nos casos e nos termos em que a lei o permita.

Os casos em que a lei o permitia respeitavam (e respeitam) às sociedades anónimas e por quotas (arts. 277º, 285º e 202º, 203º, respectivamente).

Cingindo a nossa análise às sociedades por quotas, importa referir as significativas alterações introduzidas pelo DL nº 33/2011, de 7 de Março.

Anteriormente, como é sabido, vigorava um limite quantitativo e um limite temporal para o diferimento das entradas em dinheiro neste tipo societário. Assim, do art. 202º, nº 2 resultava que só podia ser diferida a efectivação de metade das entradas em dinheiro e desde que o quantitativo global dos pagamentos feitos por conta destas, juntamente com a soma dos valores nominais das quotas correspondentes às entradas em espécie, perfizesse o capital mínimo fixado na lei.

Todavia, o art. 202º, nº 2 foi revogado.

Como vimos, tal não significa que já não seja possível convencionar o diferimento das entradas em dinheiro nas sociedades por quotas. Mas implica necessariamente que os moldes em que esse diferimento pode ocorrer sejam diferentes.

2.2.1.3.1. Alcance da revogação do art. 202º, nº 2

Efectivamente, o desaparecimento do referido limite máximo parece significar que o diferimento pode respeitar à totalidade do valor da entrada. Ou seja, parece ser agora possível que os sócios estabeleçam o diferimento da totalidade das suas entradas – cujo valor terá de ser, pelo menos, igual a € 1 (que é o valor nominal mínimo de cada quota), mantendo-se o limite temporal (o diferimento tem de ser feito para datas certas ou ficar dependente de factos certos e determinados, até ao máximo de 5 anos sobre a celebração do acto constituinte (ou, se for o caso, da deliberação de aumento do capital) ou até que se encerre prazo equivalente a metade da duração da sociedade, se este limite for inferior (art. 203º, nº 1)).

As dúvidas que temos no que respeita ao alcance da revogação do limite quantitativo advêm fundamentalmente da dúbia redacção do art. 199º, alª *b*), para além de esta solução representar (mais) uma forma de não promover a realização das entradas diferidas porque retira,

MARIA MIGUEL CARVALHO

potencialmente[86], alguma eficácia a uma das sanções para o incumprimento: a perda das participações e dos pagamentos já realizados (art. 204º, nº 2)[87].

Centrando-nos no art. 199º, cuja alínea *b*) preceitua que "o contrato de sociedade deve especialmente mencionar: o montante das entradas realizadas por cada sócio no momento do acto constitutivo ou a realizar até ao termo do primeiro exercício económico, que não pode ser inferior ao valor nominal mínimo da quota fixado por lei, bem como o montante das entradas diferidas", importa tentar perceber o significado da expressão colocada no final da 1ª parte da referida norma: «que não pode ser inferior ao valor nominal mínimo da quota fixado por lei».

Obviamente o valor das entradas não pode ser inferior ao valor nominal mínimo da quota fixado por lei – tal resulta da chamada proibição de emissão acima do par prevista no art. 25º, nº 1.

Assim, a referência no art. 199º – que trata das entradas realizadas/a realizar até ao termo do primeiro exercício económico/diferidas – pode suscitar a questão de respeitar a um eventual limite à possibilidade de diferimento.

Neste caso, importa determinar se esse vale apenas para a hipótese de diferimento prevista no art. 26º, nº 2 (isto é, para as entradas a realizar até ao termo do 1º exercício económico) ou se, não obstante a sua colocação na norma em apreço, o mesmo vale também para a hipótese de diferimento prevista no art. 26º, nº 3, significando que existe afinal um limite ao diferimento correspondente à liberação do capital social mínimo legalmente imposto.

---

[86] Já que podemos estar a falar de um euro ou menos.

[87] No mesmo sentido, cfr. JORGE M. COUTINHO DE ABREU, *Curso..., cit.*, pp. 280 e s., que - referindo-se à questão de determinar se a percentagem das entradas em dinheiro cuja realização (...) [era] possível diferir [ao tempo em que escrevia] reporta-se a *todas elas globalmente consideradas ou a cada uma delas*" – defendia que "apesar de a letra do nº 2 do[s] arts. 202º e 277º não ser conclusiva, deve entender-se que cada sócio tem de realizar até ao momento da celebração do contrato de sociedade parte da sua entrada (...)", invocando, para além da maior eficácia na promoção das entradas diferidas, que esta é a solução "mais concorde com a ideia de sociedade como comunidade de (relativamente iguais) proveitos e riscos ou custos [e] torna mais difícil a participação nas sociedades de capitais de sujeitos precipitados ou irreflectidos (...)".

Apesar de não termos ainda uma posição bem definida relativamente a este ponto – sobretudo por não compreendermos a razão de ser de se discutir o possível diferimento de 1 ou 2 euros! – não vemos, à partida, nenhuma razão que possa justificar tal exigência num caso em que, em princípio, o prazo de diferimento é menor e já não o fazer quando, potencialmente, o prazo para o diferimento é mais alargado (embora o limite máximo, em regra 5 anos, deva valer como dissemos *supra* para ambos).

2.3. Outras alterações

O DL nº 33/2011, de 7 de Março, procedeu ainda à revogação dos nºs 3 e 5 do art. 202º e à alteração do nº 4 do mesmo artigo.

O art. 202º, nº 3 estabelecia que "a soma das entradas em dinheiro já realizadas deve ser depositada em instituição de crédito, numa conta aberta em nome da futura sociedade, até ao momento da celebração do contrato", pretendendo o legislador assegurar "o efectivo ingresso no património social do valor das entradas (...)"[88].

E o nº 5 referia que desta conta só podiam ser efectuados levantamentos depois de o contrato estar definitivamente registado; depois de celebrado o contrato, caso os sócios autorizassem os gerentes a efectuá-los para fins determinados e para liquidação provocada pela inexistência ou nulidade do contrato ou pela falta de registo.

Além disso, o nº 4 preceituava que os sócios deviam declarar no acto constitutivo, sob sua responsabilidade, que procederam ao referido depósito.

Esta última norma foi alterada, estabelecendo agora que "sem prejuízo de estipulação contratual que preveja o diferimento da realização das entradas em dinheiro, os sócios devem declarar no acto constitutivo, sob sua responsabilidade que já procederam à entrega do valor das suas entradas ou que se comprometem a entregar, até ao final do primeiro exercício económico, as respectivas entradas nos cofres da sociedade".

Parece assim que é "repristinado" o regime vigente no domínio da Lei de 11 de Abril de 1901 [LSQ] (art. 5º), regime que – confiando aos sócios a incumbência de garantir a entrada no património da sociedade dos referidos valores – havia sido «abolido» pelo CSC, por não funcionar

---

[88] PAULO DE TARSO DOMINGUES, «Garantias da consistência...», *cit.*, p. 503.

eficazmente[89], e substituído pela instituição, para as sociedades por quotas, do disposto nos arts. 202º, nº 3, 4 e 5 – correspondentes aos nºs 3, 4 e 5 do art. 277º que continuam a vigorar para as sociedades anónimas.

Sublinhe-se ainda que esta alteração ocorre na sequência de outras modificações no sentido de instituir regras «menos apertadas»[90-91] pelo que também aqui revestirão especial importância as normas que permitam a responsabilização civil e penal dos sócios em caso de violação das referidas obrigações[92].

Registamos ainda que não decorre agora expressamente da lei qualquer limite quanto ao levantamento das entradas em dinheiro, já que o nº 5 do art. 202º foi revogado[93].

IV. Considerações finais

Apesar de o capital social permanecer um conceito essencial para a compreensão de muitas das normas do CSC (*v.g.*, a integridade do capital social; o aumento e a redução do capital social; o exercício de determinados direitos sociais como o direito de voto, a apreciação económica da sociedade, etc.) a verdade é que, no que respeita às sociedades por quotas, o capital social está verdadeiramente moribundo, parecendo que o legislador está a adiar a declaração oficial do óbito.

Os problemas suscitados por uma alteração legislativa muito pouco cuidada e nada rigorosa em nada abonam a necessária segurança jurídica. Como vimos, são mais as dúvidas do que as certezas, mas entre estas conto com uma: penso que teria sido preferível, seguindo o exemplo do

---

[89] Cfr. PAULO DE TARSO DOMINGUES, «Garantias da consistência...», *cit.*, p. 504 que afirma que "frequentemente sucedia afirmarem os quotistas terem sido realizadas as entradas em dinheiro, quando, na verdade, nenhuma quantia dava entrada na caixa social".

[90] Cfr. PAULO DE TARSO DOMINGUES, «Garantias da consistência...», *cit.*, p. 504. Sobre essa evolução, *ult.op. cit.*, pp. 504 e ss. e do mesmo autor *Variações...*, cit., pp. 204 e s.

[91] Defendendo *de iure condendo* que o depósito em conta bancária aberta em nome da sociedade fosse dispensado, sendo substituído por obrigações dos sócios, cfr. ANTÓNIO DE MENEZES CORDEIRO, *Código das Sociedades Comerciais Anotado* (coord. António de Menezes Cordeiro), Almedina, Coimbra, 2ª ed., 2011, p. 616.

[92] Assim, PAULO DE TARSO DOMINGUES, *Variações...*, cit., p. 205.

[93] Para maiores desenvolvimentos sobre a evolução desta norma, cfr. PAULO DE TARSO DOMINGUES, *ult. op. cit.*, pp. 207 e s.

O NOVO REGIME JURÍDICO DO CAPITAL SOCIAL DAS SOCIEDADES POR QUOTAS

legislador em 1901[94], optar por um modelo semelhante ao introduzido na Alemanha, em 2008.

Com efeito, parece-nos que a coexistência de sociedades por quotas perfeitamente estáveis com sociedades por quotas constituídas com um «capital 0 ou quase 0» durante um período que se pode estender até 5 anos é perniciosa.

É nefasta para os credores sociais, é nefasta para os próprios sócios dessas sociedades e, em última instância, para os empreendedores que queiram constituir uma pequena ou média empresa e que, em princípio, optariam pelo recurso à sociedade por quotas e que a partir de agora podem não o querer fazer, ficando claramente prejudicados qualquer que seja a alternativa.

Estes efeitos seriam parcialmente evitados se se tivesse optado pela introdução de um novo subtipo de sociedade por quotas[95], cuja firma evidenciasse, desde logo, o diferente regime jurídico.

Penso ainda que também no que respeita ao regime jurídico relativo à obrigação de entrada se imporia – como contrapartida do reduzido valor mínimo imposto para a participação social e da liberdade de fixação do capital social – que as obrigações de entrada tivessem obrigatoriamente de ser cumpridas em dinheiro, sem possibilidade de diferimento (ou muito mais limitado) e implicando, por exemplo, a proibição de distribuição de lucros até que se perfizesse uma determinada soma correspondente a um capital social[96] – que é uma solução que, como referimos, está contemplada na actual legislação alemã.

---

[94] Com efeito, o primeiro legislador a seguir o exemplo alemão relativo à criação da *Gesellschaft mit beschränkter Haftung*, pela Lei de 20 de Abril de 1892, foi o português (LSQ).

[95] Recorde-se que RAÚL VENTURA já sugerira a criação de um subtipo – a «sociedade por quotas limitada por garantia» (*Sociedade por quotas*, Vol.I, Comentário ao Código das Sociedades Comerciais, 2ª ed., Almedina, Coimbra, 1989, pp. 55 e ss.).

[96] No caso português, provavelmente por lapso, o DL nº 33/2011, de 7 de Março, não eliminou o valor mínimo da reserva legal previsto no art. 218º, nº 2 (que estabelece que "é aplicável o disposto nos artigos 295º e 296º, salvo quanto ao limite mínimo de reserva legal, que nunca será inferior a € 2500"). Significa isto que continua a ser obrigatória a afectação de uma percentagem não inferior à vigésima parte dos lucros da sociedade à constituição (ou reintegração) da reserva legal até que esta represente a quinta parte do capital social e que, no caso das sociedades por quotas, nunca será inferior ao limite referido no art. 218º, nº 2.

SUBCAPITALIZAÇÃO DE SOCIEDADE E DESCONSIDERAÇÃO DA PERSONALIDADE JURÍDICA

J.M. COUTINHO DE ABREU[*]

1. Uma história

Armando, Berto e César, desempregados, constituem a sociedade por quotas de construção civil **X**. O capital social foi fixado em € 3, correspondendo à soma dos valores nominais das três quotas[1]. César, que havia sido operário de construção civil, foi designado gerente.

A sociedade celebrou vários contratos de empreitada para realização de reparações em prédios urbanos; os preços respectivos seriam pagos em prestações. Comprou a prestações materiais, máquinas e utensílios de construção e contratou três trabalhadores.

Por causa de defeitos de obras, nuns casos, e de crise financeira de donos de obras, em outros casos, as receitas da sociedade mostraram-se insuficientes para fazer face às dívidas.

Um ano depois da constituição, a sociedade entrava em situação de insolvência (impossibilitada de cumprir as suas obrigações vencidas). Situação em que não entraria se, por exemplo, o capital social tivesse sido fixado em € 10 000.

Volvidos mais três meses, César requereu a declaração judicial de insolvência.

---

[*] Professor Catedrático da Faculdade de Direito da Universidade de Coimbra.
[1] Cfr. CSC, arts. 201º e 219º, 3, na redacção introduzida pelo DL 33/2011, de 7 de Março.

JORGE COUTINHO DE ABREU

2. Para conclusão da história: desconsideração da personalidade societária

Porque constituíram uma sociedade manifesta e materialmente subcapitalizada, os sócios de **X** podem ser responsabilizados pelos credores sociais por via da desconsideração da personalidade colectiva. Armando, Berto e César abusaram do "instituto" sociedade-pessoa colectiva, excederam os limites impostos pelo fim social ou económico do direito de constituir e fazer funcionar sociedade, criaram um instrumento que se prefigurava como arma de caça de lucros segura para eles (com riscos muito pequenos pela "responsabilidade limitada") mas desproporcionadamente perigosa ou letal para direitos e interesses de terceiros. Aceitável, pois, a derrogação ou não observância da autonomia patrimonial de **X** em face dos respectivos sócios.[2]

Diz-se em estado de subcapitalização *material* a sociedade que não dispõe de capitais próprios (fundamentalmente constituídos pelos bens correspondentes ao capital social e às reservas) suficientes para o exercício da respectiva actividade[3], e esta insuficiência nem sequer é suprida por empréstimos dos sócios. A subcapitalização material é *manifesta ou qualificada* quando evidente, facilmente reconhecível pelos sócios. Pode ser *originária* (como na nossa história) – a desproporção anormal entre o capital social e as exigências da actividade que os sócios se propõem desenvolver por meio da sociedade é evidente logo quando esta nasce –, ou *superveniente* – a falta de capitais próprios manifesta-se em momento posterior, decorrente, por exemplo, de perdas graves ou de ampliação da actividade social.

Podem os sócios, com certeza, actuar por intermédio de sociedade que lhes proporciona um risco limitado (o risco de perder o valor das entradas, mas não o risco de responder pelas dívidas sociais), transferindo boa parte do risco negocial para terceiros. Porém, a limitação desse risco não

---

[2] Para o quadro geral e os grupos de casos da desconsideração da personalidade jurídica das sociedades, remeto para o que escrevi, por último no *Código das Sociedades Comerciais em Comentário* (coord. de Coutinho de Abreu), vol. I (Artigos 1º a 84º), Almedina, Coimbra, 2010, p. 100, s..

[3] Tendo em conta a natureza e dimensão da actividade, bem como os riscos associados – obrigações contratuais inevitáveis, prováveis e possíveis, obrigações extracontratuais eventuais.

deve ir ao ponto de a actividade social poder gerar benefícios só ou sobretudo para os sócios e gerar prejuízos principalmente para os credores sociais; a partilha dos riscos societários tem a sua medida, não podem os sócios alijar desproporcionadamente os seus em detrimento de terceiros. Assim, deve admitir-se que os sócios *abusam da personalidade colectiva* de sociedade quando a introduzem no comércio jurídico apesar de sofrer de manifesta subcapitalização material. Se a sociedade, *porque subcapitalizada*, cai em situação de *insolvência*, pela via da desconsideração da personalidade jurídica serão os sócios chamados a responder (subsidiária mas) ilimitadamente perante os credores sociais. *Todos os sócios, em princípio*, se a subcapitalização é *originária* ou inicial (sendo esta manifesta, a culpa – um dos pressupostos da responsabilidade – atingirá todos os sócios fundadores).[4]

Mas nem todos aceitam aquela via. Pois se a lei exige aos sócios, para beneficiarem da responsabilidade limitada, que dotem a sociedade simplesmente com o capital mínimo, sem exigir adequação do capital relativamente ao objecto social, como responsabilizar os sócios perante os credores sociais?...[5] Todavia, a questão *não é de legalidade estrita*. A observância da exigência legal do capital social mínimo (muito baixo para muitíssimos casos) não impede o *abuso* da personalidade colectiva. Em prejuízo dos credores, não da própria sociedade (ou da comunidade dos sócios). Pelo que a possível responsabilidade dos sócios é para com os credores, não para com a sociedade (é responsabilidade *externa*).

---

[4] Admitindo também, entre nós, a desconsideração da personalidade jurídica em casos de subcapitalização material qualificada, P. TARSO DOMINGUES, *Variações sobre o capital social*, Almedina, Coimbra, 2009, p. 389 s..

[5] Por cá, neste sentido, A. MOTA PINTO, *Do contrato de suprimento – O financiamento da sociedade entre capital próprio e capital alheio*, Almedina, Coimbra, 2002, p. 127-128 (nas p. 128, s., o A. aponta para a responsabilidade de sócios para com a sociedade por violação culposa de dever geral de financiamento ordenado da sociedade; conclui na p. 131: «Eis, pois, a solução que me parece justa e, dogmaticamente, adequada para os casos mais graves de subcapitalização material: a responsabilidade contratual do sócio pelo não financiamento da sociedade. Uma solução que, embora acolha a novidade do *Durchgriff*, o consegue ajustar na procura dos resultados mais adequados ao caso.»), M. FÁTIMA RIBEIRO, *A tutela dos credores da sociedade por quotas e a "desconsideração da personalidade jurídica"*, Almedina, Coimbra, 2009, p. 234, s., 640 [na p. 212, n. (205), a A. considera que a admissão legal de sociedades sem capital mínimo (ou quase) – fenómeno que vai alastrando por vários países – inviabiliza a responsabilidade por subcapitalização. Mas deve apontar-se em sentido oposto – v. p. ex. TARSO DOMINGUES, *ob. cit.*, p. 171].

Acrescente-se, contudo, que não devem beneficiar da referida responsabilidade os credores voluntários (ou contratuais) «fortes» (designadamente, grandes fornecedores ou financiadores) que conheciam a situação de subcapitalização e/ou assumiram, com escopo especulativo, os riscos (quando podiam não contratar, ou exigir garantias de um ou mais sócios)[6]. Será, aliás, aplicável o art. 570º do CCiv. (culpa do lesado).

3. Para conclusão alternativa da história: responsabilidade do gerente

Depois de a sociedade **X** ter entrado em situação de insolvência, conhecida do gerente César, este tinha o dever de requerer a respectiva declaração judicial dentro de sessenta dias (CIRE, arts. 18º, 1, 19º). Mas não o fez; só a requereu passados três meses.

O gerente actuou *ilicitamente*: omitiu o dever prescrito no art. 18º do CIRE, norma legal de protecção (principalmente) dos credores sociais. E actuou *culposamente*: um "gestor criterioso e ordenando" teria agido de outra maneira. Se a inobservância daquele dever tiver *causado uma diminuição do património social que o tornou insuficiente, ou mais insuficiente*, para a satisfação dos créditos respectivos, o gerente *responde para com os credores da sociedade* (art. 78º, 1, do CSC).[7]

Os *credores sociais "antigos"* – os sujeitos que já eram credores da sociedade quando o pedido de declaração da insolvência devia ter sido feito[8] – terão então direito de exigir do gerente indemnizações de montante equivalente à *diferença* entre a importância que receberiam da sociedade se o pedido de declaração da insolvência houvesse sido feito tempestivamente e a importância que dela podem receber (cfr. art. 562º do CCiv.).

---

[6] Não assim, portanto, para os credores involuntários, nem para os «fracos» (com pequeno poder negocial, sem possibilidade de exigirem garantias suplementares).

[7] Sobre os pressupostos da responsabilidade civil dos administradores para com credores sociais, COUTINHO DE ABREU, *Responsabilidade civil dos administradores de sociedades*, 2ª ed., Almedina, Coimbra, 2010, p. 71, s., ou COUTINHO DE ABREU/ELISABETE RAMOS, "Artigo 78º", em *Código das Sociedades Comerciais em Comentário* cit., p. 894, s..

[8] Para a distinção entre credores antigos (*Altgläubiger*) e credores novos (*Neugläubiger*), v. p. ex. D. KLEINDIEK, em LUTTER/HOMMELHOFF, *GmbH-Gesetz Kommentar*, 17.Aufl., Otto Schmidt, Köln, 2009, "Anhang zu § 64", p. 1532-1533.

Já se vê que esta alternativa é *pior para os credores*: além de poder ser *muito difícil provar* que a violação do referido dever causou ou agravou a insuficiência do património social para a satisfação dos créditos[9], *só o gerente responde*, não os (demais) sócios, e responde *só limitadamente* (pela citada diferença).

Possivelmente mais favorável é a situação dos *credores sociais "novos"* – sujeitos que se tornaram credores, ou adquiriram novas posições creditórias depois do momento em que o pedido de declaração de insolvência devia ter sido feito. O gerente, porque não observou norma de protecção de terceiros, *causou-lhes directamente danos* (tenha ou não havido também dano para a sociedade). Os que contrataram com a sociedade em situação de insolvência não o teriam feito se o gerente houvesse cumprido o dever; lesados extra-negocialmente não o teriam sido se o gerente tivesse cumprido o dever. Tendo presente o art. 79º do CSC, o gerente responderá pelo *dano de confiança* (ou interesse contratual negativo) sofrido pelos novos credores *contratuais*, cujo valor coincidirá as mais das vezes com o valor dos créditos[10], e responderá por *todos os danos* sofridos por credores *extra-negociais*.

Mas, ainda assim, também nestes casos *só o gerente responde*, não os (demais) sócios.

---

[9] Cfr. COUTINHO DE ABREU, "Diálogos com a jurisprudência, II – Responsabilidade dos administradores para com credores sociais e desconsideração da personalidade jurídica", DSR, 3, 2010, p. 54. E bem pode dar-se o caso de o património social não sofrer qualquer diminuição.

[10] V. tb. M. FÁTIMA RIBEIRO, "A responsabilidade dos administradores na crise da empresa", em *I Congresso Direito das Sociedades em Revista*, Almedina, Coimbra, 2011, p. 402, s.. Se alguém tiver contratado apesar de conhecer a situação de insolvência (porque evidente externamente ou comunicada pelo gerente), a indemnização poderá ser reduzida ou mesmo excluída (art. 570º, 1, do CCiv.).

O CAPITAL SOCIAL DAS SOCIEDADES POR QUOTAS E O PROBLEMA DA SUBCAPITALIZAÇÃO MATERIAL

MARIA DE FÁTIMA RIBEIRO[*]

1. O capital social na sociedade por quotas:
a função de garantia e a participação do sócio no risco da empresa
O tipo legal sociedade por quotas permite a limitação da responsabilidade no exercício de uma determinada actividade comercial com grande facilidade[1], pois o valor do capital social mínimo requerido por lei para a

---

[*] Professora da Faculdade de Direito da Universidade Católica Portuguesa – Porto

[1] Nota VASCO LOBO XAVIER, *Relatório Sobre o Programa, os Conteúdos e os Métodos de Ensino de uma Disciplina de Direito Comercial (Curso Complementar)*, Coimbra, 1986, pág. 25, que este benefício da limitação da responsabilidade, até ao Decreto-Lei nº 248/86, de 25 de Agosto, implicava necessariamente o recurso a uma das formas societárias adequadas (o Autor preconizava que, enquanto a utilização do estabelecimento individual de responsabilidade limitada não entrasse nos hábitos, o benefício da limitação da responsabilidade para pequenas ou médias empresas seria sempre procurado através da constituição de sociedades por quotas, "reais" ou "fictícias". Pode hoje dizer-se que a utilização do estabelecimento de responsabilidade limitada nunca entrou nos hábitos – cfr. a análise de JOSÉ AUGUSTO ENGRÁCIA ANTUNES, *O estabelecimento individual de responsabilidade limitada: crónica de uma morte anunciada*, in "Revista da Faculdade de Direito da Universidade do Porto", 2006, 401--442, pp. 430 ss. – e, rendido o legislador societário português aos factos – cfr. a análise de MARCUS LUTTER, *Mißglückte Rechtsangleichung: das Chaos der Ein-Personen-Gesellschaft in Europa*, in "Festschrift für Hans Erich Brandner zum 70. Geburtstag", Köln, 1996, 81-95, pág. 87 –, o referido benefício pode agora ser procurado através de sociedades por quotas realmente pluripessoais ou unipessoais).

MARIA DE FÁTIMA RIBEIRO

sua constituição era, desde há dezenas de anos, muito baixo, tendo com as alterações legais recentes deixado de ter significado[2-3].

Embora a obrigatoriedade de dotação da sociedade por quotas de um capital social mínimo nunca tenha representado uma garantia satisfatória para terceiros, ela apresentou-se sempre também como uma espécie de "contrapartida" do benefício da limitação da responsabilidade dos sócios, estabelecendo um valor mínimo que estes teriam, necessa-

---

[2] No entanto, nem sempre foi assim: aquando da sua criação, o valor mínimo do capital social (e da quota) exigido pela Lei de 1901 – 5 contos de réis (para a quota, cem mil réis) – era relativamente elevado para a época, o que desincentivava o recurso generalizado a esta forma societária. Este valor resultou do facto de o legislador de então ter procedido à conversão da quantia de 20.000 marcos, que era o montante do capital mínimo para a constituição de sociedades de responsabilidade limitada da lei alemã (de resto, o mesmo aconteceu relativamente ao valor mínimo estabelecido por lei para a quota, que era, na Alemanha, de 500 marcos, correspondentes aos cem mil réis da lei nacional). Mas a desvalorização monetária foi entretanto minorando a importância deste óbice, tendência que nem a actualização de valores ocorrida em 1961 – fixação do capital social mínimo em 50.000 escudos (e da quota em 5.000 escudos) – contrariou, por não ter representado uma actualização real dos valores anteriores (a propósito de processo idêntico no ordenamento jurídico italiano, fala FRANCESCO GALGANO, *Persona giuridica e no*, in "Rivista delle Società", 1971, 50-58, pp. 52 ss., de um fenómeno de "democratização" da pessoa colectiva). Cfr. ANTÓNIO MENEZES CORDEIRO, *Manual de Direito das Sociedades. II. Das Sociedades em Especial*, 2ª ed., Almedina, Coimbra, 2007, pp. 267 ss..

[3] Para uma definição de capital social, cfr. ANTÓNIO FERRER CORREIA, *Lições de Direito Comercial. Vol. II. Sociedades Comerciais. Doutrina Geral*, com a colaboração de VASCO LOBO XAVIER, MANUEL HENRIQUE MESQUITA, JOSÉ MANUEL SAMPAIO e ANTÓNIO AGOSTINHO CAEIRO, edição policopiada, Universidade de Coimbra, 1968, pág. 218; LUÍS BRITO CORREIA, *Direito Comercial. Vol. II. Sociedades Comerciais*, AAFDL, Lisboa, 1989, pág. 153 ss.; JOSÉ DE OLIVEIRA ASCENSÃO, *Direito Comercial. Vol. IV. Sociedades Comerciais. Parte Geral*, Lisboa, 2000, pp. 146 ss.; JORGE HENRIQUE PINTO FURTADO, *Curso de Direito das Sociedades*, 5ª ed. (com a colaboração de NELSON ROCHA), Almedina, Coimbra, 2004, pp. 303 ss.; ANTÓNIO MENEZES CORDEIRO, *Manual de Direito das Sociedades. Vol. I. Das Sociedades em Geral*, 2ª ed., Almedina, Coimbra, 2007, pp. 462 ss.; PAULO DE TARSO DOMINGUES, *Capital e património sociais, lucros e reservas*, in "Estudos do Direito das Sociedades", 10ª ed., Almedina, Coimbra, 2010, 175-260, pp. 181 ss.; PAULO OLAVO CUNHA, *O novo regime da redução do capital social e o artigo 35º do Código das Sociedades Comerciais*, in "Prof. Doutor Inocêncio Galvão Telles: 90 Anos. Homenagem da Faculdade de Direito de Lisboa", Almedina, Coimbra, 2007, 1023-1078, pp. 1028 ss.. Em síntese, veja-se a definição de JORGE MANUEL COUTINHO DE ABREU, *Curso de Direito Comercial. Vol. II. Das Sociedades*, 3ª ed., Almedina, Coimbra, 2009, pág. 66: "[o] capital social é uma cifra representativa da soma dos valores nominais das participações sociais fundadas em entradas em dinheiro e/ou em espécie".

O CAPITAL SOCIAL DAS SOCIEDADES POR QUOTAS E O PROBLEMA DA SUBCAPITALIZAÇÃO ...

riamente, de arriscar no exercício da actividade económica que a sociedade se propusesse exercer[4]. Em síntese, podia afirmar-se que aos sócios era concedido o benefício da responsabilidade limitada na exploração de uma determinada actividade económica, no pressuposto de que eles não transferiam para terceiros a totalidade do risco resultante dessa exploração (o que não seria justo: embora a constituição de sociedades comerciais e a exploração das actividades económicas a que elas se destinam resulte também em benefício do mercado e da comunidade, não existem dúvidas de que aqueles a quem caberá colher mais benefícios são os sócios[5])[6].

O montante exigido por lei para a constituição de uma sociedade por quotas foi sempre, contudo, um montante mínimo fixo[7], ou seja, não

[4] Cfr. a exposição de CÁNDIDO PAZ-ARES, *Sobre la infracapitalización de las sociedades*, in "Anuario de Derecho Civil", 1983, 1587-1639, pp. 1596 ss.; GIUSEPPE B. PORTALE, *Capitale sociale e società per azioni sottocapitalizzata*, in "Rivista delle Società", 1991, nº 1, 3-124, pp. 18 ss.; UWE BLAUROCK, *Mindestkapital und Haftung bei der GmbH*, in "Festschrift für Thomas Raiser zum 70. Geburtstag", De Gruyter Recht, Berlin, 2005, 3-22, pág. 11; WOLFGANG ZÖLLNER, *Gläubigerschutz durch Gesellschafterhaftung bei der GmbH*, in "Festschrift für Horst Konzen zum Siebzigsten Geburtstag", Mohr Siebeck, Tübingen, 2006, 999-1021, pp. 999 ss..

[5] Cfr. GIUSEPPE B. PORTALE, *Capitale sociale e società per azioni sottocapitalizzata*, in RS, cit., pág. 23; PAULO DE TARSO DOMINGUES, *Do Capital Social. Noção, Princípios e Funções*, 2ª ed., Coimbra Editora, Coimbra, 2004, pp. 218 ss., e 229 ss.; ALEXANDRE MOTA PINTO, *Do Contrato de Suprimento. O Financiamento da Sociedade entre Capital Próprio e Capital Alheio*, Almedina, Coimbra, 2002, pp. 123 ss.

[6] Cfr. RUDOLF REINHARDT, *Gedanken zum Identitätsproblem bei der Einmanngesellschaft*, in "Das Deutsche Privatrecht in der Mitte des 20. Jahrhunderts. Festschrift für Heinrich Lehmann. Tomo II", Berlin, 1956, 576-593, pág. 589; HERBERT WIEDEMANN, *Gesellschaftsrecht. Ein Lehrbuch des Unternehmens- und Varbandsrecht. Tomo I. Grundlagen*, C.H. Beck'sche, München, 1980, pp. 565 ss.. A análise económica da exigência de um capital social mínimo permite explicar a sua função de *Seriositätsschwelle* sob prisma idêntico: a obrigação de constituição da sociedade com um capital social mínimo contribui para o estabelecimento de um determinado paralelismo na relação entre sócios e credores sociais, uma vez que obriga a que ambos "invistam" na sociedade em causa. Cfr. SEBASTIAN BARTA, *Das Kapitalsystem von GmbH und AG – in halt und Zweck der Regelungen über Stamm- bzw. Grundkapital. Zugleich Anmerkungen zum Referentenentwurf eines "Gesetzes zur Neuregelung des Mindestkapitals der GmbH (MindestKapG)*, in "GmbH-Rundschau", 2005, 657-662, pp. 661 ss.; UWE BLAUROCK, *Mindestkapital und Haftung bei der GmbH*, cit., pág. 12; RÜDIGER WILHELMI, *Das Mindeskapital als Mindestschutz – eine Apologie im Hinblick auf die Discussion um eine Reform der GmbH angesichts der englischen Limited*, in "GmbH-Rundschau", 2006, 13-24, pág. 14; HANS CHRISTOPH GRIGOLEIT, *Gesellschafterhaftung für interne Einflussnahme im Recht der GmbH*, C. H. Beck, München, 2006, pp. 76 ss...

[7] No entanto, actualmente – no *Code des sociétés*: lei de 7 de Maio de 1999, que entrou em vigor em Fevereiro de 2001 –, o legislador belga prevê expressamente a situação de subcapitalização

MARIA DE FÁTIMA RIBEIRO

sofrendo variação em função da actividade que constitui o objecto da sociedade[8], facto que já vinha atenuar (e muito) a eventual garantia de que, pelo menos numa fase inicial (correspondente à constituição da sociedade comercial), não existiria uma excessiva (e não consentida) transferência do risco empresarial dos sócios para a esfera de terceiros (que serão todos aqueles relativamente aos quais o património da sociedade constitui a –

material, a fim de responsabilizar os sócios fundadores no caso de insolvência da sociedade em causa. Assim, embora o artigo 214 do *Code des sociétés* estabeleça que uma sociedade de responsabilidade limitada não pode ser constituída com um capital social inferior a 18.550 euros (ou, no caso da "société privée à responsabilité limitée starter", um capital social de montante situado entre 1 e 18.550 euros"), impõe-se no artigo 215 a obrigatoriedade de os sócios fundadores entregarem ao notário, antes da constituição da sociedade, um "plano financeiro" no qual justifiquem o montante do capital social da sociedade a constituir. Nos termos do artigo 229.5º do *Code des sociétés*, os sócios fundadores serão solidariamente responsáveis – responsabilidade que não pode ser afastada por estipulação em contrário – pelas dívidas da sociedade, numa proporção fixada pelo juiz, se, tendo a sociedade sido declarada falida dentro dos três anos subsequentes à constituição, o capital social fosse, aquando da constituição, manifestamente insuficiente para assegurar o exercício normal da actividade projectada durante um período de, pelo menos, dois anos. Para as sociedades anónimas, dispõe o artigo 439 do *Code des sociétés* que o capital social não pode ser inferior a 61.500 euros; o texto dos artigos 440 e 456.4º equivale, depois, ao dos artigos 215 e 229.5º, respectivamente. Sobre esta responsabilidade, cfr. GIUSEPPE B. PORTALE, *Capitale Sociale e Società per Azioni Sottocapitalizzata*, in RS, *cit.*, pág. 54; GUY HORSMANS, *Responsabilité limitée et plaisirs sans limites*, in "Mélanges en l'Honneur de Yves Guyon. Aspects Actuels du Droit des Affaires", Dalloz, Paris, 2003, 533-569, pp. 550 ss.. Na doutrina italiana, ERNESTO SIMONETTO, *La riduzione del capitale esuberante*, in "Rivista delle Società", 1966, 427-469, pp. 435 ss., defende a (em seu entender) desejável – embora não imposta legalmente no momento da constituição – adequação do capital social ao objecto que a sociedade prossegue (princípio a que poderá recorrer-se na sindicância de uma deliberação de redução do capital social).

[8] Quanto às actividades em cujo exercício pode consistir o objecto social, cfr. JORGE MANUEL COUTINHO DE ABREU, *Curso de Direito Comercial. Vol. II* ..., cit., pp. 8 ss.. Atente-se, neste âmbito, na reflexão de FILIPE CASSIANO DOS SANTOS, *Estrutura Associativa e Participação Societária Capitalística. Controlo da Sociedade, Estrutura Societária e Participação do Sócio nas Sociedades Capitalísticas*, Coimbra Editora, Coimbra, 2006, pp. 127 ss.: a determinação mínima do conteúdo do objecto social, ou seja, da actividade que, concretamente, possa ser visada pelos contraentes, não precisa de ser feita de modo a permitir identificar "o projecto empresarial concreto a exercer no quadro da estrutura ou a precisa actividade a exercer" (cfr. FILIPE CASSIANO DOS SANTOS, últ. ob. cit., pág. 153), porque a lei não o impõe. Então, poderá concluir-se com o Autor, na pág. 129, que "se os sócios não caracterizam a específica actividade a exercer, não se vislumbra como podem intentar a delimitação do seu lado financeiro".

O CAPITAL SOCIAL DAS SOCIEDADES POR QUOTAS E O PROBLEMA DA SUBCAPITALIZAÇÃO ...

provavelmente, única – garantia pelo cumprimento das obrigações da sociedade)[9]. E isto era e é assim pela razão de ser, na prática, quase inviável estabelecer-se um montante mínimo de capital social adequado a cada situação; então, na generalidade dos casos, o legislador resignou-se a prever a obrigatoriedade de constituição de qualquer sociedade (dependendo do tipo societário adoptado) com a dotação de um "suporte económico-financeiro próprio minimamente credível ou sério"[10].

Tradicionalmente, entende-se que o facto de o legislador ter optado por estabelecer para a constituição das sociedades por quotas um capital mínimo relativamente baixo parece ter correspondido apenas a uma

---

[9] Sendo certo que, na maioria dos países do espaço europeu, as sociedades de responsabilidade limitada são frequentemente constituídas com o capital social mínimo exigido por lei, sem consideração pela respectiva adequação ao objecto social, pelo que a doutrina chega a afirmar que a maior parte destas sociedades são subcapitalizadas. Cfr. SUSANNE FRANK/THOMAS WACHTER, *Kapitalaufbringung bei der Bargründung einer GmbH in Europa*, in "GmbH-Rundschau", 2002, 17-22, pp. 18 e 21.; BARBARA GRUNEWALD/ULRICHNOACK, *Zur Zukunft des Kapitalsystems der GmbH – Die Ein-Euro-GmbH in Deutschland, in* "GmbH-Rundschau", 2005, 189-195, pág. 190.

[10] Cfr. MARIA ÂNGELA COELHO BENTO SOARES, *Aumento do capital,* in "Problemas do Direito das Sociedades", Almedina, Coimbra, 2002, 237-255, pág. 238, que convoca, a este propósito, a expressão "limiar de seriedade" (correspondente a *Seriositätsschwelle* e a *soglia di serietà*), cujo respeito não impede que existam sociedades com capitais próprios pouco adequados à actividade que se propõem exercer; e muito menos impede que, uma vez criadas essas sociedades (afastado que ficasse, por hipótese, o perigo de uma subcapitalização originária) seja garantida, ao longo da sua existência, "uma qualquer adequação entre *capitais próprios* e *capitais alheios*" (subsistirá o perigo de uma subcapitalização superveniente). Neste sentido, cfr. também HOLGER ALTMEPPEN, *Schutz vor "europäischen" Kapitalgesellschaften*, in "Neue Juristische Wochenschrift", 2004, 97-104, pp. 101 ss.. Tendo em conta o que fica exposto, compreende-se que seja hoje repetidamente posta em causa a função de protecção dos interesses dos credores sociais, tradicionalmente imputada ao capital social e à imposição de um montante mínimo para a constituição das chamadas sociedades de capitais, reconhecendo-se-lhe agora, tão-só, um papel dissuasor na "criação de sociedades de forma imprudente". Cfr. MARIA ÂNGELA COELHO BENTO SOARES, *A liberdade de estabelecimento das sociedades na União Europeia,* in "Temas de Integração", nºs 15 e 16, 2003, 283-321, pp. 316 ss.. Porém, também este papel começa a ser posto em causa: a este propósito, afirma JOCHEN VETTER, *Grundlinien der GmbH-Gesellschafterhaftung,* in "Zeitschrift für Unternehmens- und Gesellschaftsrecht", 2005, 788-831, pág. 800, que a própria ideia de que o capital social legal mínimo pode constituir *Seriositätsschwelle,* ou limiar de seriedade tem hoje algo de "patético", dada a evolução que o valor real desses montantes tem sofrido; pelo que a única função que lhe pode caber é a de impor aos sócios a assunção de um mínimo de risco empresarial, forçando-os sempre a um determinado investimento.

MARIA DE FÁTIMA RIBEIRO

pretensão de evitar a "insignificância da sociedade", mas não releva em termos de viabilidade económica da mesma – se é certo que se pode afirmar que com a importância desse capital mínimo "já se pode fazer alguma coisa", não o é menos que "para se saber se uma coisa pode ser feita, é indispensável primeiro saber que coisa se quer fazer"[11]. Logo, o montante de capital mínimo fixado na lei não revela e nunca revelou qualquer adequação à pretendida dimensão da empresa, ou ao objecto da sociedade.

A verdade, porém, é que a prática veio evidenciar uma "inversão" lógica a este nível: os sócios das sociedades por quotas acabam frequentemente por contribuir para a sociedade com prestações distintas da liberação das quotas e, mesmo, por assumir uma responsabilidade directa perante terceiros[12]. Em consequência, a avaliação do nível de capitalização de uma sociedade deste tipo não pode atender apenas, tendo em conta a respectiva dimensão e a actividade desenvolvida, ao montante do seu capital social[13].

---

[11] Cfr. RAÚL VENTURA, *Apontamentos para a reforma das sociedades por quotas de responsabilidade limitada*, in RAÚL VENTURA/LUÍS DE BRITO CORREIA, "Apontamentos para a Reforma das Sociedades de Responsabilidade Limitada e Anteprojecto de Reforma da Lei das Sociedades por Quotas. A Harmonização das Leis sobre Sociedades de Responsabilidade Limitada, no Âmbito do Mercado Comum Europeu", Separata do Boletim do Ministério da Justiça, nº 182, Lisboa, 1969, 5-176., pp. 81 ss.. Por isso, o Autor fala, a propósito da regra legal que fixa o montante do capital social mínimo para a constituição de uma sociedade, de um "certificado de viabilidade passado pela lei a uma entidade que pode mostrar-se completamente inviável".

[12] Cfr. RAÚL VENTURA, *Apontamentos para a reforma das sociedades por quotas de responsabilidade limitada*, cit., pp. 96 ss.. O Autor conclui que "[a] subcapitalização das sociedades por quotas [...] é uma confissão de esperança de crédito, porventura contraditória, mas nem por isso menos real". A incongruência reside no facto de os sócios fundarem a sociedade com o mínimo capital possível, esperando a obtenção de crédito. Ora, ou são os próprios sócios a conceder esse crédito ou, para o obterem de terceiros nessas condições, terão os mesmos sócios de assumir responsabilidade pessoal.

[13] Para a análise das funções tradicionalmente reconhecidas ao capital social, das quais se destaca, na esfera das relações externas da sociedade, a função de garantia para terceiros, cfr. ANTÓNIO FERRER CORREIA, *Lições de Direito Comercial. Vol. II ...*, cit., pp. 222 ss.. E, recentemente, PAULO DE TARSO DOMINGUES, *Do Capital Social ...*, cit., pp. 200 ss.; MAURICE COZIAN/ALAIN VIANDIER/FLORENCE DEBOISSY, *Droit des Sociétés*, 20ª ed., Litec, Paris, 2007, pp. 115 ss.; TIM DRYGALA, *Stammkapital heute – Zum veränderten Verständnis vom System des festen Kapitals und seinen Konsequenzen*, in "Zeitschrift für Unternehmens- und Gesellschaftsrecht", 2006, 587-637, pp. 589 ss.. E ainda, especificamente quanto à função de garantia, cfr. CÁNDIDO PAZ-ARES, *Sobre la infracapitalización de las sociedades*, cit., pág. 1596; GIUSEPPE B. PORTALE, *Capitale Sociale e Società per Azioni Sottocapitalizzata*, in RS, *cit.*, pp. 15 ss.; ALEXANDRE

Por seu turno, o facto de ser expressamente admitida, neste tipo societário, a possibilidade de previsão convencional de uma responsabilidade directa de um ou mais sócios perante os credores sociais (artigo 198º do CSC) reflecte a aceitação dessa realidade por parte do legislador[14]: já no momento da sua constituição, a sociedade por quotas assenta numa esperança de amplo financiamento externo (os sócios não podem ou não querem, no momento da constituição da sociedade, entrar com uma contribuição avultada; todavia, em caso de necessidade, admitem vir a reforçar essa contribuição ou a, de alguma forma, financiar a empresa societária), o qual, quando a sociedade tenha sido constituída com um capital social modesto, vai necessariamente assentar na responsabilidade pessoal que os seus sócios estejam dispostos a assumir[15].

O reconhecimento de que no funcionamento das pequenas sociedades por quotas o capital social não desempenha um papel determinante, nem sequer como garantia dos credores sociais, já levou mesmo à proposta de consagração legal, entre nós, do subtipo "sociedade por quotas limitada por garantia". A proposta era da autoria de RAÚL VENTURA[16] e baseava-se na ideia de que, se o legislador aceita que o fun-

---

MOTA PINTO, *Do Contrato de Suprimento...*, cit., pp. 78 ss.. Sobre a relação entre o nível de capitalização de uma sociedade de capitais e a tutela dos interesses dos credores sociais, cfr. ULRICH DROBNIG, *Haftungsdurchgriff bei Kapitalgesellschaften*, Alfred Metzner Verlag, Frankfurt/ Berlin, 1959, pp. 47 ss.. Contudo, a função de garantia tem sido encarada com "crescente cepticismo" pelos autores (cfr. JOSÉ AUGUSTO ENGRÁCIA ANTUNES, *"Law & economics" perspectives of portuguese corporation law – system and current developments*, in "European Company and Financial Law Review", 2005, 323-377, pág. 338), o que tem levado a um movimento doutrinal de rejeição da necessidade de determinação legislativa de um capital social mínimo obrigatório.

[14] Curiosamente, este não é um mecanismo a que os sócios recorram com frequência, assistindo-se antes vulgarmente à prestação de garantias pessoais, por parte dos mesmos – logo, prescindindo-se da possibilidade de limitação da responsabilidade pessoal "até determinado montante".

[15] Cfr. RAÚL VENTURA, Sociedades por Quotas. Vol. I. Comentário ao Código das Sociedades Comerciais, 2ª ed., Almedina, Coimbra, 1989, pág. 56.

[16] Cfr. RAÚL VENTURA, *Sociedades por Quotas. Vol. I ...*, cit., pp. 55 ss.. O *Anteprojecto de Lei Geral das Sociedades* da autoria de RAÚL VENTURA previa, no artigo 1º, um nº 2 com o texto seguinte: "A sociedade por quotas é limitada por garantia quando a obrigação de contribuição dos sócios é condicionada pela necessidade da contribuição para satisfação de débitos sociais, depois de dissolvida a sociedade"; a respectiva regulamentação constava dos seus artigos 94º ss..

MARIA DE FÁTIMA RIBEIRO

cionamento da sociedade por quotas possa assentar na responsabilidade dos sócios – através do recurso a mecanismos como as prestações suplementares, os suprimentos ou a responsabilidade pessoal dos sócios –, não existem motivos "para que tal situação não seja reconhecida e a responsabilidade dos sócios não substitua o capital"[17]. Embora o Código das Sociedades Comerciais (doravante, CSC) tenha consagrado apenas o sistema tradicional de responsabilidade limitada pelo capital, o valor dos argumentos apontados naquela proposta subsiste e demonstra bem a relação peculiar que pode estabelecer-se entre o financiamento da sociedade por quotas e o seu capital social.

Actualmente, o legislador parece ter prescindido de atribuir ao capital social qualquer papel no âmbito da garantia dos credores sociais, autorizando a externalização total do risco de exploração da empresa societária: com as alterações introduzidas pelo Decreto-Lei nº 33/2011, de 7 de Março, "[o] montante do capital social é livremente fixado no contrato de sociedade, correspondendo à soma das quotas subscritas pelos sócios"; uma vez que o valor mínimo de cada quota não pode ser inferior a um euro, está o capital social mínimo indirectamente fixado em um euro para as sociedades unipessoais e em dois ou mais euros para as pluripessoais (correspondendo o número de euros ao número de sócios). Além disso, estas entradas devem ser realizadas até ao momento da celebração do negócio jurídico pelo qual se constitui a sociedade, mas se se tratar de entradas em dinheiro podem ser entregues pelos sócios nos cofres da sociedade até ao final do primeiro exercício económico (sem prejuízo de estipulação contratual que preveja o seu diferimento). Esta evolução terá resultado de uma conjugação de factores: a influência do exemplo norte-americano e de alguns países da Europa e a tentativa de manutenção da competitividade do tipo societário sociedade por quotas no espaço europeu (neste último caso, estimulada pelo impacto das decisões *Centros* e *Inspire Art* do Tribunal de Justiça[18]

---

[17] A definição de sociedade contida no artigo 980º do Código Civil, ao estabelecer a obrigatoriedade da contribuição com bens ou serviços, constituiria "escrúpulo dogmático", a ultrapassar através da alteração do texto do preceito ou de norma estabelecendo que tal obrigação pode ser condicionada à falta de recursos da própria sociedade. Cfr. RAÚL VENTURA, *Sociedades por Quotas. Vol I ...*, *cit.*, pág. 55.

[18] Cfr. MARIA DE FÁTIMA RIBEIRO, *A Tutela dos Credores da Sociedade por Quotas e a "Desconsideração da Personalidade Jurídica"*, cit., pp. 184 ss., notas 168 e 169; HANS CHRISTOPH GRIGOLEIT/MARKUS S. RIEDER, *GmbH-Recht nach dem MoMig*, C.H.Beck, München, 2009, pp. 6 ss..

O CAPITAL SOCIAL DAS SOCIEDADES POR QUOTAS E O PROBLEMA DA SUBCAPITALIZAÇÃO ...

e pela proposta de Estatuto da Sociedade Privada Europeia[19], nos termos da qual o capital social mínimo poderá ser limitado a um euro)[20].

2. A subcapitalização originária das sociedades por quotas

Como o legislador nunca impôs aos sócios a obrigação de dotarem a sociedade comercial de um capital social mínimo materialmente adequado a cada projecto empresarial específico[21], sempre foi, como é hoje, relativamente frequente o fenómeno da subcapitalização da sociedade de responsabilidade limitada, embora essa subcapitalização seja, essencialmente, "uma confissão de esperança de crédito"[22]: os sócios sabem que o capital social não é suficiente para o desenvolvimento da actividade económica correspondente ao objecto social, mas esperam obter o crédito necessário para suprir essa falha, ainda que, para o efeito, se vejam forçados a garantir pessoalmente tal crédito. Neste caso, então, existem várias situações em que, perante a manifesta desproporção entre o capital social e a actividade que a sociedade prossegue ou se propõe prosseguir, o intérprete se sente compelido a procurar uma reacção da ordem jurídica que tutele, concretamente, os interesses dos credores sociais[23].

Por subcapitalização material originária deve entender-se a situação em que os sócios colocam ao dispor da sociedade, que constituem, meios de financiamento manifestamente insuficientes para a prossecução da actividade económica que constitui o seu objecto social, sem que essa insuficiência seja compensada por empréstimos (ou outros meios de natureza financeira equivalente) por parte dos sócios[24-25].

---

[19] Proposta de Regulamento do Conselho, de 25 de Julho de 2008, relativa ao Estatuto da Sociedade Privada Europeia e disponível in http://europa.eu/legislation_summaries/employment_and_social_policy/social_dialogue/mi0007_pt.htm.

[20] Cfr. MARIA DE FÁTIMA RIBEIRO, *A Tutela dos Credores da Sociedade por Quotas e a "Desconsideração da Personalidade Jurídica"*, cit., pp. 180 ss., nota 167.

[21] Cfr. UWE BLAUROCK, *Mindestkapital und Haftung bei der GmbH*, in "Festschrift für Thomas Raiser zum 70. Geburtstag", De Gruyter Recht, Berlin, 2005, 3-22, pp. 7 ss..

[22] Cfr. RAÚL VENTURA, *Sociedades por Quotas. Vol. II. Comentário ao Código das Sociedades Comerciais* (reimpressão), Almedina, Coimbra, 1996, pág. 76.

[23] Cfr. GIUSEPPE B. PORTALE, *Capitale sociale e società per azioni sottocapitalizzata*, in RS, cit., pp. 41 ss..

[24] Cfr. CÁNDIDO PAZ-ARES, *Sobre la infracapitalización de las sociedades*, cit., pág. 1594; HERBERT WIEDEMANN/KASPAR FREY, *Gesellschaftsrecht*, 6ª ed., C.H. Beck, München, 2002, pág. 273. Entre

MARIA DE FÁTIMA RIBEIRO

Distinta desta é a subcapitalização formal ou nominal, que existe quando o financiamento de que a sociedade necessita é concedido, directa ou indirectamente, pelos sócios, não a título de entrada, mas através de empréstimos ou outros actos de natureza equivalente do ponto de vista financeiro; em consequência, o valor desse financiamento não ingressa no capital social da sociedade em causa (não constitui "capital próprio"[26]), sendo que o objectivo dos sócios é precisamente o de não sujeitar a quantia que lhe corresponde às regras que tutelam a conservação do capital social e ao consequente risco. Só pode falar-se, porém, de

nós, cfr. RUI PINTO DUARTE, *A subcapitalização das sociedades no Direito Comercial*, in "Fisco", 1996, 55-64, pp. 56 ss.; PAULO DE TARSO DOMINGUES, *Do Capital Social ...*, cit., pp. 223 e 229 ss.; PAULO OLAVO CUNHA, *Direito das Sociedades Comerciais*, 4ª ed., Almedina, Coimbra, pp. 468 ss.; ALEXANDRE MOTA PINTO, *Capital social e tutela dos credores. Para acabar de vez com o capital social mínimo nas sociedades por quotas*, in "Nos 20 Anos do Código das Sociedades Comerciais. Homenagem aos Profs. Doutores A. Ferrer Correia, Orlando de Carvalho e Vasco Lobo Xavier. Volume I. Congresso Empresas e Sociedades", Coimbra Editora, Coimbra, 2007, 837-861, pp. 846 ss.. Para uma análise dos elementos que compõem esta definição de subcapitalização material, cfr. WOLFGANG VONNEMANN, *Haftung von GmbH-Gesellschaftern wegen materieller Unterkapitalisierung*, in "GmbH-Rundschau", 1992, 77-83, pp. 80 ss..

[25] A subcapitalização material será superveniente se esta insuficiência vier a verificar-se já depois de constituída a sociedade, ou seja, se os meios colocados ao dispor da sociedade deixam de ser suficientes em virtude, nomeadamente, de uma alteração do respectivo objecto social. Cfr. CÁNDIDO PAZ-ARES, *Sobre la infracapitalización de las sociedades*, cit., pág. 1618, que admite que a subcapitalização superveniente possa conduzir apenas à responsabilização dos sócios controladores, ao invés do que defende para os casos de subcapitalização originária, que conduzirão à responsabilização de todos os sócios. No mesmo sentido, cfr. JORGE MANUEL COUTINHO DE ABREU, *Curso de Direito Comercial. Vol. II ...*, cit., pág. 182.

[26] Para a – complexa, sobretudo quanto ao papel desempenhado, neste âmbito, pelos suprimentos – análise da distinção entre capitais próprios e capitais alheios, cfr. HERBERT WIEDEMANN, *Haftungsbeschränkung und Kapitaleinsatz in der GmbH – Unter Berücksichtigung des amerikanischen, deutschen und französischen Gesellschaftsrecht*, in HERBERT WIEDEMANN/ ROLF BÄR/LÉON DABIN, "Die Haftung des Gesellschafters in der GmbH. Verhandlungen der Fachgruppe für vergleichendes Handels- und Wirtschaftsrecht anläßlich der Tagung für Rechtsvergleichung in Berlin vom 27. bis 30. September 1967", Alfred Metzner Verlag, Frankfurt/Berlin, 1968, 5-61, pp. 9 ss.; KARSTEN SCHMIDT, *Quasi-Eigenkapital als haftungsrechtliches und als bilanzrechtliches Problem*, in "Bilanz- und Konzernrecht. Festschrift für Reinhard Goerdeler", IDW, Düsseldorf, 1987, 487-509, pp. 490 ss.; FRANCISCO VICENT CHULIÁ, *Introducción al Derecho Mercantil*, cit., pp. 483 ss.. Entre nós, cfr. o estudo de ALEXANDRE MOTA PINTO, *Do Contrato de Suprimento ...*, cit., pp. 27 ss.; JORGE MANUEL COUTINHO DE ABREU, *Curso de Direito Comercial. Vol. II ...*, cit., pág. 181.

O CAPITAL SOCIAL DAS SOCIEDADES POR QUOTAS E O PROBLEMA DA SUBCAPITALIZAÇÃO ...

subcapitalização quando exista desproporção manifesta entre este tipo de financiamento dos sócios e o valor do capital social[27-28].

Quando exista subcapitalização material, pode afirmar-se a consequente transferência excessiva do risco empresarial para os credores da sociedade.

É certo que o legislador consagra a obrigatoriedade de publicitação do montante do capital social, bem como do objecto da sociedade. Pode por isso afirmar-se que, em geral, os terceiros que entram em relação com a sociedade poderão ter uma ideia (aproximada) do seu nível de capitalização; suficiente, pelo menos, para decidirem (o que normalmente acontece quando se trata de sociedades por quotas) exigir à sociedade ou aos seus sócios a prestação de outras garantias para o cumprimento das obrigações concretamente assumidas[29]. Contudo, não está por este meio plenamente assegurada a tutela daqueles credores "fracos" ou involuntários, que são todos os terceiros que, ao negociar com a sociedade, não têm qualquer possibilidade de impor as suas condições, particularmente

---

[27] Cfr. NADIA ZORZI, *L'Abuso della Personalità Giuridica. Tecniche Sanzionatorie a Confronto*, Cedam, Padova, 2002, pág. 112.

[28] Para a distinção entre subcapitalização formal ou nominal e subcapitalização material, cfr. HERBERT WIEDEMANN, *Gesellschaftsrecht. Ein Lehrbuch des Unternehmens- und Verbandsrechts. Tomo I ...*, cit., pp. 568 ss.; PETER ULMER, *Anh. § 30. Gesellschafterhaftung bei Unterkapitalisierung*, in "GmbHG HACHENBURG Großkommentar. Tomo I. Allgemeine Einleitung; §§ 1-34", 8ª ed., Walter de Gruyter, Berlin/New York, 1992, pp. 1068 e 1073; RAÚL VENTURA, *Sociedades por Quotas. Vol. II ...*, cit., pág. 78; VOLKER EMMERICH, *§ 13, Juristische Person; Handelsgesellschaft*, in "SCHOLZ Kommentar zum GmbH-Gesetz. Tomo I. §§ 1-44. Anhang Konzernrecht", 9ª ed., Otto Schmidt, Köln, 2000, pág. 677; DIETER REUTER, *Vor § 21*, in "Münchener Kommentar zum Bürgerliches Gesetzbuch. Tomo I. Allgemeiner Teil. §§ 1-240", 4ª ed., C.H. Beck, München, 2001, pp. 425 ss.; KARSTEN SCHMIDT, *Gesellschaftsrecht*, 4ª ed., Carl Heymanns, Köln/Berlin/ /Bonn/München, 2002, pp. 248 ss.; ALEXANDRE MOTA PINTO, *Do Contrato de Suprimento ...*, cit., pp. 107 ss.; GÜNTER H. ROTH, *§ 5. Stammkapital; Stammeinlage*, in "ROTH/ALTMEPPEN GmbHG. Gesetz betreffend die Gesellschaften mit beschränkter Haftung. Kommentar", 5ª ed., C. H. Beck, Munique, 2005, pp. 102 ss.; JUAN J. MÉNDEZ, *Responsabilidades emergentes de la infracapitalización societaria*, in "Derecho Comercial y de las Obligaciones", 2005-A, ano 38, nº 212, 651-700, pp. 680 ss.; GÖTZ HUECK/LORENZ FASTRICH, *§ 13. Rechtsnatur der GmbH*, in "BAUMBACH/HUECK GmbH-Gesetz", 18ª ed., C.H. Beck, München, 2006, pág. 237; CARMEN BOLDÓ RODA, *Levantamiento del Velo y Persona Jurídica en el Derecho Privado Español*, 4ª ed., Aranzadi, Navarra, 2006, pp 361 ss.; FRANCISCO VICENT CHULIÁ, *Introducción al Derecho Mercantil*, 19ª ed., Tirant lo Blanch, Valencia, 2006, pp. 485 ss..

[29] Cfr. STEFANO LOMBARDO/NILS WUNDERLICH, *Über den ökonomischen Sinn und Unsinn eines Haftungsdurchgriffs im Recht der Kapitalgesellschaften*, in "German Working Papers in Law and Economics" (www.bepress.com/gwp), Paper 29, 2004, 1-39, pp. 24 ss..

MARIA DE FÁTIMA RIBEIRO

no âmbito da garantia do cumprimento, e aqueles que se tornam credores da sociedade sem terem tido sequer a oportunidade de se informarem sobre a situação patrimonial ou o nível de capitalização da mesma[30].

[30] A necessidade de distinguir entre credores "fortes" e "fracos" pode surgir, ainda, noutro sentido: não se veria com bons olhos a responsabilização dos sócios por dívidas da sociedade para com credores que tivessem assumido o risco dos seus créditos com conhecimento da situação de subcapitalização, ou mesmo com intenção especulativa. Também PAZ-ARES analisa o problema nesta perspectiva. No seu trabalho *La infracapitalización. Una aproximación contractual*, in "Revista de Derecho de Sociedades", nº extraordinário, 1994, 253-269, pp. 254 ss., este Autor debruça-se sobre o facto de não ser certo que a subcapitalização material implique, necessariamente, a transferência do risco empresarial para os credores sociais, sobretudo quando se trata de credores contratuais, uma vez que estes têm a possibilidade de evitar ou procurar proteger-se dos riscos que decorrem da subcapitalização (neste sentido, cfr. também GEORG WINTER, *Die Haftung der Gesellschafter im Konkurs der unterkapitalisierten GmbH*, Athenäum, Frankfurt, 1973, pp. 45 ss.). PAZ-ARES, *últ. ob. cit.*, pág. 258, acolhe, neste âmbito, o contributo das teorias da análise económica do direito, nomeadamente para a determinação daquelas entidades que, nos casos em apreço, assumem de facto os chamados *agency costs*, ou seja, custos que derivam da divergência de interesses dos diferentes sujeitos que se relacionam na vida da empresa. Como definem HENRY HANSMANN/REINIER KRAAKMAN, *Problemi di "agency" e strategie normative*, in REINIER R. KRAAKMANN/PAUL DAVIES/ HENRY HANSMANN/GÉRARD HERTIG/KLAUS J. HOPT/HIDEKI KANDA/EDWARD B. ROCK, "Diritto Societario Comparato" (edizione italiana a cura di LUCA ENRIQUES de "The Anatomy of Corporate Law. A Comparative and Functional Approach", Oxford University Press, Oxford, 2004), il Mulino, Bologna, 2006, 29-41, pp. 29 ss., existe um problema de *agency* sempre que uma parte, a que se chama *principal*, depende da actuação de outra parte, a que se chama *agent*: o problema reside em motivar adequadamente o *agent* a agir no interesse do *principal* e não no seu próprio interesse, uma vez que, em regra, o *agent* tem mais e melhor informação do que o *principal*, pelo que este tem dificuldade em controlar e avaliar a actuação daquele. À luz desta análise, existe um problema de *agency* entre a sociedade e os seus credores; a sociedade será o *agent*, que pode sentir-se tentado a adoptar comportamentos oportunistas perante os seus vários *principal*, os credores sociais, nomeadamente, privando-os dos meios de satisfação dos seus créditos. Note-se que na análise económica do direito o benefício da responsabilidade limitada não é visto como um meio de eliminar o risco do insucesso empresarial, mas antes como forma de deslocar esses riscos para os credores sociais, voluntários e involuntários. Cfr. FRANK H. EASTERBROOK/DANIEL R. FISCHEL, *Limited liability and the corporation*, in "University Chicago Law Review", 1985, 89-117, pp. 90 ss.; RICHARD A. POSNER, *Economic Analysis of Law*, 6ª ed., Aspen, New York, 2003, pp. 411 ss.; GÉRARD HERTIG/HIDEKI KANDA, LA TUTELA DEI CREDITORI IN REINIER R. KRAAKMANN/PAUL DAVIES/HENRY HANSMANN/GÉRARD HERTIG/KLAUS J. HOPT/HIDEKI KANDA/EDWARD B. ROCK, "Diritto Societario Comparato" (edizione italiana a cura di LUCA ENRIQUES de "The Anatomy of Corporate Law. A Comparative and Functional Approach", Oxford University Press, Oxford, 2004), il Mulino, Bologna, 2006, 89-123, pág. 89. Os *agency costs* podem acabar – e, muitas vezes, acabam – por ser assumidos pelos

Logo, esta perspectivação da questão não se revela, sequer, suficiente para assegurar uma tutela eficaz dos interesses em jogo.

A responsabilização dos sócios através do recurso à "desconsideração da personalidade jurídica" da sociedade comercial apresentou-se como uma das vias possíveis para dar resposta ao problema da tutela dos credores sociais no âmbito da subcapitalização material[31]. O facto de este

próprios sócios da sociedade subcapitalizada, pois eles são forçados a prestar garantias pessoais ou a abdicar de uma boa parte do lucro que poderiam obter, uma vez que a taxa de juro praticada, na ausência de tais garantias, será mais elevada. Pelo que PAZ-ARES, *últ. ob. cit.*, pp. 260 ss., avança para a delimitação das situações em que considera poder caber a negação do privilégio da responsabilidade limitada aos sócios de sociedade subcapitalizada ao grupo daquelas em que estejam em causa credores não contratuais e credores que não possam proteger-se dos riscos que decorrem da situação de subcapitalização (no fundo, apenas quando esteja em causa a tutela dos interesses dos chamados "credores fracos"; sobretudo nos chamados casos *taxi enterprise*, exemplo paradigmático de situação em que uma sociedade comercial é constituída por cada táxi ou unidade de exploração, com o único objectivo de limitar a responsabilidade empresarial perante as vítimas de eventuais acidentes de viação, as doutrinas da análise económica do direito reconhecem que, uma vez que os credores involuntários não têm a possibilidade de negociar previamente, em termos que lhes permitam compensar a transferência de risco, a solução pode passar pelo recurso à técnica *piercing the corporate veil*. Cfr. RICHARD A. POSNER, *Economic Analysis of Law*, cit., pp. 421 ss.).

[31] Independentemente do fundamento que, em concreto, os autores elegem para fundamentar essa responsabilidade. Na doutrina alemã, a *Haftungsdurchgriff* pode assentar numa responsabilidade por vício de organização, *Organisationsfehlerhaftung* (cfr. PETER ERLINGHAGEN, *Haftungsfragen bei einer unterkapitalisierten GmbH*, in "GmbH-Rundschau", 1962, 169-176, pp. 172 ss.. MAS PETER ULMER, *Gesellschafterdarlehen und Unterkapitalisierung bei GmbH und GmbH & Co. KG – Zehn Thesen*, in "Festschrift für Konrad Duden zum 70. Geburtstag", C. H. Beck'she, München, 1977, 661-683, pp. 676 ss., afasta essa possibilidade, pelo facto de a lei não estabelecer a obrigação de os sócios dotarem a sociedade do capital adequado. Neste sentido, cfr. também a análise de GEORG WINTER, *Die Haftung der Gesllschafter im Konkurs der unterkapitalisierten GmbH*, cit., pp. 88 ss., e de RAÚL VENTURA, *Sociedades por Quotas. Vol. II ...*, cit., pp. 81 ss.), na chamada *Aufbringungshaftung* ou *Differenzhaftung* (responsabilidade pela diferença), uma construção da responsabilidade do sócio de sociedade subcapitalizada limitada à diferença entre o capital social da sociedade em causa e o montante de capital que teria sido adequado para a prossecução do objecto social (cfr. HERBERT WIEDEMANN, *Haftungsbeschränkung und Kapitaleinsatz in der GmbH ...*, cit., pp. 17 ss.; KARL WINKLER, *Die Haftung der Gesellschafter einer unterkapitalisierten GmbH*, in "Der Betriebs-Berater", 1969, 1202-1207, pág. 1205), ou na não aplicação do § 13 II da GmbHG, com base no abuso institucional, por parte do sócio, do "privilégio da responsabilidade limitada" (cfr. RUDOLF REINHARDT, *Gedanken zum Identitätsproblem bei der Einmanngesellschaft*, cit., pp. 589 ss.; ULRICH IMMENGA, *Die personalistische Kapitalgesellschaft. Eine rechtsvergleichende Untersuchung nach deutschem GmbH-Recht und dem Recht der Corporations in den Vereinigten*

MARIA DE FÁTIMA RIBEIRO

mecanismo ser tradicionalmente estudado e compreendido através dos chamados "grupos de casos" veio a revelar-se tentador. A subcapitalização material sempre foi um fantasma pairando sobre a aparente segurança que conferiam a exigência de um capital social mínimo e as várias regras legais vigentes para a sua constituição e conservação. Por isso, a falta de precisão conceptual deste mecanismo de responsabilização dos sócios convida a que se integre no seu âmbito a solução para mais este problema.

Staaten, Athenäum, Bad Homburg, 1970, pp. 418 ss., e 425 ss.; PETER ULMER, *Anh. § 30. Gesellschafterhaftung bei Unterkapitalisierung*, cit., pp. 1086 ss.; *idem, Gesellschafterdarlehen und Unterkapitalisierung bei GmbH und GmbH & Co. KG ...*, cit., pág. 678; *idem, Die GmbH und der Gläubigerschutz*, in "GmbH-Rundschau", 1984, 256-264, pág. 262; MARKUS GEIBLER, *Zukunft, Stillstand oder Geltungsverlust für die Duchgriffshaftung im Recht der GmbH?*, in "GmbH-Rundschau", 1993, 71-79, pp. 77 ss.. O caso de subcapitalização da sociedade por quotas já merecia a RAÚL VENTURA, em estudo publicado em 1969 (*Apontamentos para a reforma das sociedades por quotas de responsabilidade limitada*, cit., pp. 100 ss.), uma reacção "desconsideradora" (o Autor fala expressamente numa hipótese *Durchgriff*). Colocava-se a questão a dois níveis: o da subcapitalização formal, em que a falta de um capital social inicial capaz é suprida com créditos dos sócios, e o da subcapitalização material, em que o risco da exploração da empresa societária é, quase totalmente, transferido para os credores. O primeiro caso mereceria a RAÚL VENTURA, desde logo, uma solução de "directa penetração limitada", ou seja, uma seriação dos débitos sociais de que resultasse a colocação dos débitos a estranhos em situação prioritária quanto a débitos a sócios (os chamados "débitos internos") – solução que hoje se encontra legalmente consagrada. Mas em ambos os casos poderia ser ainda necessário o recurso à "directa penetração de responsabilidade", ou seja, a "directa acção dos credores sociais sobre o património individual dos sócios", para tutela dos interesses desses credores. Pois bem: perante o quadro normativo vigente na época, RAÚL VENTURA conclui que não é possível o recurso a uma solução de penetração directa ilimitada (no fundo, aquilo a que chamamos *Haftungsdurchgriff*). Na verdade, o legislador possibilita aos sócios de uma sociedade por quotas o benefício da limitação da sua responsabilidade, fixando como única exigência, para o efeito, a realização de um montante mínimo de capital social; daqui resulta que "os sócios não têm outro dever, quanto à capitalização, além de cumprir os preceitos legais relativos ao capital". Já o caso em que os próprios sócios reconhecem que o nível de capitalização da sociedade é insuficiente e tentam supri-la de modo que pode vir a prejudicar os interesses dos credores sociais merece uma solução responsabilizadora – daí que os empréstimos realizados pelos sócios para esse fim (ou prestações equivalentes) não possam ser juridicamente tratados como créditos de terceiros; daí, também, o regime proposto por RAÚL VENTURA para os suprimentos.

3. A responsabilização dos sócios para tutela dos interesses dos credores sociais: desconsideração da personalidade jurídica da sociedade?

Como passamos a expor, a "desconsideração da personalidade jurídica" da sociedade subcapitalizada não se apresenta como a via adequada para a tutela dos seus credores, por duas ordens de razões. Desde logo, a ausência de imposição legal de dotação de um capital social mínimo adequado ao objecto da sociedade implica a inexistência de lacuna carecida de preenchimento ao nível da responsabilidade (nem sequer pode afirmar-se a existência de uma lacuna ao nível da exigência de um capital social mínimo necessário para a constituição de sociedade adequado ao objecto social, pois não pode reconhecer-se a existência de lacuna quando o legislador estatui expressamente em sentido contrário[32]: um euro é capital social manifestamente inadequado para a exploração de qualquer actividade). Depois, a falta de rigor dogmático, a insegurança e o casuísmo no recurso a este mecanismo são fragilidades que comprometem a eficiência de uma solução deste teor[33], sobretudo quando se põe em causa um dos pilares do instituto sociedade por quotas, que

---

[32] Ou seja, não é possível identificar aqui uma "*incompletude* contrária ao plano do Direito vigente". Cfr. JOÃO BAPTISTA MACHADO, *Introdução ao Direito e ao Discurso Legitimador*, Almedina, Coimbra, 9ª reimpressão, 1996, pp. 194 ss.

[33] A insegurança resulta, fundamentalmente, da ausência de determinação precisa dos pressupostos que possibilitem ao juiz "desconhecer a personificação de um ente". Cfr. FRANCISCO CAPILLA RONCERO, *La Persona Jurídica. Funciones y Disfunciones*, Tecnos, Madrid, 1984, pp. 70 ss.; JOSÉ MIGUEL EMBID IRUJO, *Los grupos de sociedades en el derecho comunitario y español*, in "Revista Crítica de Derecho Inmobiliario", nº 599, 1990, 31-54, pp. 53 ss.; NICHOLAS MATHEY, *Recherche sur la personnalité morale en droit privé*, tese de Doutoramento em Direito apresentada e defendida na Universidade Paris II, Paris, 2001, pp. 554 ss.; STEPHEN M. BAINBRIDGE, *Abolishing veil piercing*, in "Journal of Corporation Law", Spring 2001, 479-535, pág. 481; *idem*, *Abolishing LLC veil piercing*, in "University of Illinois Law Review", nº 1, 2005, 77-106, pp. 78 ss.; CÂNDIDO PAZ-ARES, *La sociedad mercantil: atributos y límites de la personalidad jurídica. Las cuentas en participación*, in VVAA, "Curso de Derecho Mercantil RODRIGO URÍA/AURELIO MENÉNDEZ. I. Empresario, Establecimiento Mercantil y Actividad Empresarial. Derecho de la Competencia y de la Propiedad Industrial e Intelectual. Derecho de Sociedades", coord. MARÍA LUISA APARICIO GONZÁLEZ, 2ª ed., Civitas, Madrid, 2006, 567-612, pp. 589 ss.. Por esta razão, entre outras, cumpre notar que não deve sequer admitir-se a possibilidade de recurso a uma solução *Durchgriff* quando uma solução satisfatória possa ser alcançada através de institutos legalmente consagrados: fala-se de um "princípio de subsidiariedade", ou *Subsidiarität der Durchgriffshaftung*. Cfr. RUDOLF NIRK, *Zur Rechtsfolgenseite der Durchgriffshaftung*, in "Festschrift für Walter Stimpel", Walter de Gruyter, Berlin/New

MARIA DE FÁTIMA RIBEIRO

é o da limitação da responsabilidade dos sócios (neste tipo societário, e ao invés do que acontece nos restantes, até permitida simultaneamente com o exercício de poder pelos sócios, nos termos do artigo
259º do CSC[34]).

Em rigor, a doutrina que defende a "desconsideração da personalidade
jurídica" para os casos de subcapitalização material não questiona realmente a personalidade jurídica da sociedade, nem faz apelo, tampouco,
ao abuso desse instituto: em causa parece estar especificamente o apro-
veitamento indevido do benefício da limitação da responsabilidade[35], ou
o abuso do direito de invocar esse princípio, pelo que a mesma doutrina
defende que seja (apenas) "desconsiderada" a limitação da responsabilidade dos sócios[36], ou, em rigor, que se proceda à "mera interpretação e
aplicação finalista das normas de referência"[37].

Entre nós, a proibição do abuso do direito tem sido o fundamento
maioritariamente adoptado pela doutrina que analisa e aceita o recurso
a soluções que passam pela "desconsideração da personalidade jurídica",
quer para efeitos de imputação, quer de responsabilidade[38].

York, 1985, 443-462, pág. 460; DANIEL ZIMMER, *Internationales Gesellschaftsrecht*, Recht und
Wirtschaft, Heidelberg, 1996, pág. 333; HOLGER ALTMEPPEN, *Existenzvernichtungshaftung und
Scheinauslandsgesellschaften*, in "Festschrift für Volker Röhricht zum 65. Geburtstag", Otto
Schmidt, Köln, 2005, 3-24, pp. 6 ss.; ECKARD REHBINDER, *Konzernaußenrecht und allgemeines
Privatrecht. Eine rechtsvergleichende Untersuchung nach deutschem und amerikanischem Recht*,
Gehlen, Bad Hommburg/Berlin/Zürich, 1969, pp. 101 ss...

[34] Cfr. MARIA DE FÁTIMA RIBEIRO, *A Tutela dos Credores da Sociedade por Quotas e a "Desconsideração
da Personalidade Jurídica"*, cit., pp. 470 ss..

[35] Cfr. MARCUS LUTTER, *Die zivilrechtliche Haftung in der Unternehmensgruppe*, in "Zeitschrift
für Unternehmens- und Gesellschaftsrecht", 1982, 244-290, pág. 248; HERBERT WIEDEMANN,
Reflexionen zur Durchgriffshaftung. Zugleich Besprechung des Urteils BGH WM 2002, 1804 - KBV,
in "Zeitschrift für Unternehmens- und Gesellschaftsrecht", 2003, 283-297, pp. 285 ss...

[36] Cfr. FRANCISCO VICENT CHULIÁ, *Introducción al Derecho Mercantil*, cit., pp. 486 ss.

[37] Veja-se a análise de CÁNDIDO PAZ-ARES, *Sobre la infracapitalización de las sociedades*, cit.,
pp. 1592 ss...

[38] Cfr. LUÍS BRITO CORREIA, *Direito Comercial. Vol. II ...*, cit., pp. 243 ss.; PEDRO CORDEIRO,
A Desconsideração da Personalidade Jurídica das Sociedades Comerciais (reimpressão da edição
de 1989), AAFDL, Lisboa, 1994, pp. 105 ss., e 122 ss.; ELISEU FIGUEIRA, *Desconsideração da
personalidade jurídica das sociedades de capitais*, in "Tribuna da Justiça", nº 4-5, 1990, 76-88,
pp. 87 ss.; JORGE MANUEL COUTINHO DE ABREU, *Da Empresarialidade. As Empresas no Direito*,
Almedina, Coimbra, 1996, pp. 205 ss.; ANTÓNIO MENEZES CORDEIRO, *O Levantamento da*

O CAPITAL SOCIAL DAS SOCIEDADES POR QUOTAS E O PROBLEMA DA SUBCAPITALIZAÇÃO ...

Mas o recurso ao abuso do direito, neste contexto, exige reflexão cuidada. Desde logo, a própria concepção do abuso do direito não pode deixar de partir de critérios objectivos (até porque a exigência da consciência do abuso viria a beneficiar "aqueles que não conhecem escrúpulos"[39]). Por isso, qualquer construção jurídica que parta da noção de abuso acaba por ser objectivada[40], centrada no excesso objectivo cometido no exercício do direito (embora sejam sempre relevantes considerações de ordem subjectiva quanto aos casos de violação dos limites impostos pela boa fé e pelos bons costumes; já o limite do "fim social ou económico" do direito parece representar a consagração de um critério puramente objectivo[41]). Também no âmbito da

---

Personalidade Colectiva no Direito Civil e Comercial, Almedina, Coimbra, 2000, pág. 123; DIOGO PEREIRA DUARTE, *Aspectos do Levantamento da Personalidade Colectiva nas Sociedades em Relação de Domínio. Contributo para a Determinação do Regime da Empresa Plurissocietária*, Almedina, Coimbra, 2007, pp. 319 ss.. Também ANA FILIPA MORAIS ANTUNES, *O abuso da personalidade jurídica colectiva no direito das sociedades comerciais. Breve contributo para a temática da responsabilidade civil*, in VVAA, "Novas Tendências da Responsabilidade Civil", Almedina, Coimbra, 2007, pp. 60 ss., defende, para a resolução dos problemas que qualifica como problemas de abuso da personalidade jurídica colectiva, a subsunção da questão aos quadros do abuso do direito – mas não nos termos em que ele se encontra positivado na nossa ordem jurídica, por entender que a norma do artigo 334º do Código Civil não pode abranger na sua previsão a desfuncionalização de um instituto; pelo que propõe a criação de uma categoria dogmática autónoma, precisamente a proibição do abuso da personalidade jurídica colectiva, perspectivando nessa sede uma nova fonte de ilicitude. Esta posição aproxima-se, no que respeita à ideia de desfuncionalização do instituto, da de JOSÉ DE OLIVEIRA ASCENSÃO, *Direito Comercial. Volume IV. Sociedades Comerciais*, Lisboa, 1993, pp. 86 ss., tal como será exposta em sede própria.

[39] Cfr. HEINRICH EWALD HÖRSTER, *A Parte Geral do Código Civil Português. Teoria Geral do Direito Civil*, Almedina, Coimbra, 1992, pág. 282.

[40] Cfr. PIRES DE LIMA/ANTUNES VARELA, *Código Civil Anotado. Volume I*, 4ª ed. (com a colaboração de HENRIQUE MESQUITA), Coimbra Editora, Coimbra, 1987, pág. 298; INOCÊNCIO GALVÃO TELLES, *Direito das Obrigações*, 7ª ed., Coimbra Editora, Coimbra, 1997, pág. 15; ANTÓNIO MENEZES CORDEIRO, *Tratado de Direito Civil Português. I. Parte Geral. Tomo IV. Exercício Jurídico*, Almedina, Coimbra, 2005, pág. 373.

[41] Cfr. HEINRICH EWALD HÖRSTER, *A Parte Geral do Código Civil Português ...*, cit., pág. 282 (embora PIRES DE LIMA/ANTUNES VARELA, *Código Civil Anotado. Volume I*, cit., pág. 298, reconheçam à consideração dos factores de carácter subjectivo alguma utilidade para o próprio efeito de decidir sobre o facto de os agentes terem exorbitado do fim social ou económico do direito). Também JOSÉ DE OLIVEIRA ASCENSÃO, *Direito Comercial. Vol. IV ...*, cit., pp. 86 ss., apela a uma "orientação *funcional*" para a sua fundamentação dogmática

MARIA DE FÁTIMA RIBEIRO

tentativa de fundamentação dogmática da "desconsideração da personalidade jurídica" da pessoa colectiva vieram conquistar espaço as teorias
institucionais ou do abuso objectivo. Daí resulta que se considera relevante uma utilização objectivamente ilícita do instituto pessoa colectiva,

da desconsideração da personalidade jurídica ("a sociedade e a sua personalidade são
funcionais, como toda a realidade jurídica"), mas numa abordagem que pretende ultrapassar a própria referência do abuso do direito ao fim económico e social (tratar-se-á da
"manifestação, no campo da personalidade jurídica, da componente funcional de todo o instituto",
embora a desfuncionalização só possa levar à desconsideração se à função postergada
for de reconhecer carácter injuntivo). Mesmo ANTÓNIO MENEZES CORDEIRO, *Da Boa Fé no
Direito Civil. Vol. II*, Almedina, Coimbra, 1984, pp. 1232 ss., ao analisar a relação da
"teoria da penetração na personalidade colectiva" com a referência a uma função social
e económica do direito subjectivo, vem ultrapassar os limites que o apelo a tal função
parece colocar. É certo que a referência à função social e económica do direito subjectivo
permite concluir que os comportamentos levados a cabo pelas pessoas, no âmbito da
discricionariedade que o Direito lhes atribui ou reconhece, devem respeitar o escopo
social e económico que presidiu à constituição dos seus "espaços de liberdade" (quer
produzindo uma maior utilidade pessoal, quer social). Também é certo que a teoria
da penetração na personalidade colectiva pode fazer apelo à ideia de função social e
económica da personalidade colectiva, quando a esta se tenha recorrido para contornar
uma lei, violar deveres contratuais ou prejudicar fraudulentamente terceiros. Mas para
ANTÓNIO MENEZES CORDEIRO, últ. ob. cit., pág. 1233, parece fazer mais sentido o recurso
à ideia de boa fé – na linha de HELMUT COING, *Zum Problem des sogennanten Durchgriffs bei
juristischen Personen*, in "Neue Juristische Wochenschrift", 1977, 1793-1797, pp. 1793 ss.,
o Autor reconhece maior eficácia, para a determinação das situações que convocam
uma solução "desconsideradora", à aplicação das regras interpretativas dos contratos, à
proibição do *venire contra factum proprium* e à determinação do fim de normas singulares.
De resto, ANTÓNIO MENEZES CORDEIRO, *Tratado de Direito Civil Português. I. Parte Geral. Tomo
IV ...*, cit., pp. 371 ss., elege a boa fé como base jurídico-positiva do abuso do direito e
da respectiva consagração legal no artigo 334º do Código Civil (explica o Autor que o
fim económico e social dos direitos não é um instituto autónomo, uma vez que "a sua
ponderação obriga, simplesmente, a melhor interpretar as normas instituidoras dos
direitos, para verificar em que termos e em que contexto se deve proceder ao exercício").
Então, em síntese, a boa fé deve ser sempre respeitada no exercício dos direitos, ou seja,
devem ser observados no exercício dos direitos "os valores fundamentais do próprio
sistema que atribui os direitos em causa" (esta posição decorre da posição adoptada por
ANTÓNIO MENEZES CORDEIRO, *Tratado de Direito Civil Português. I. Parte Geral. Tomo IV ...*,
cit., pp. 366 ss., no âmbito da construção de uma base ontológica do abuso do direito: o
abuso do direito assenta na "disfuncionalidade intra-subjectiva", ou seja, numa conduta
do agente "contrária ao sistema").

como os tribunais alemães cedo afirmaram[42] e tem sido defendido pela doutrina e jurisprudência dos restantes países europeus[43].

[42] Cfr. a decisão do BGH de 30 de Janeiro de 1956, in "Entscheidungen des Bundesgerichtshofes in Zivilsachen" 20, 4, pp. 12 ss., sobretudo pág. 13, onde se afirma que a teoria subjectiva do abuso é demasiado restritiva. No âmbito da ordem jurídica alemã, esta responsabilidade decorre do § 242 do BGB (mas note-se que, nesse ordenamento, são várias as disposições que sancionam o abuso do direito: o § 226, dispondo que o exercício de um direito é inadmissível quando só pode ter por fim causar dano a outrem; o § 242 do BGB, que estabelece que as obrigações devem ser cumpridas de boa fé – para uma análise da aproximação, operada pela doutrina alemã em virtude das insuficiências do disposto no § 226 do BGB no âmbito da proibição do abuso do direito, uma vez que o preceito se refere apenas aos casos em que o exercício de um direito *só possa ter o escopo* de provocar danos a outrem, da probição de *venire contra factum proprium* ao § 242 do BGB, cfr. ANTÓNIO MENEZES CORDEIRO, *Tratado de Direito Civil Português. I. Parte Geral. Tomo IV ...*, cit., pp. 283 ss. –; e o § 826, que prevê a obrigação de indemnizar quando o direito é exercido contra os bons costumes). Cfr. a exposição de ADRIANO PAES DA SILVA VAZ SERRA, *Abuso do direito (em matéria de responsabilidade civil)*, in "Boletim do Ministério da Justiça", nº 85, Abril – 1958, 243-360, pág. 248). Cfr. OTTMAR KUHN, *Strohmanngründung bei Kapitalgesellschaften*, J. C. B. Mohr (Paul Siebeck), Tübingen, 1964, pp. 214 ss.; GEORG KUHN, *Haften die GmbH-Gesellscahfter für Gesellschaftsschulden persönlich?*, in "Festschrift für Robert Fischer", Walter de Gruyter, Berlin/New York, 1979, 351-364, pp. 353 ss.; GÜNTER WEICK, *Einleitung zu §§ 21-89*, in "STAUDINGER BGB. Erstes Buch. Allgemeiner Teil. §§ 21-103", 13ª ed., Sellier – de Gruyter, Berlin, 1995, pp. 22 ss. (GÜNTER WEICK concentra-se, particularmente, na proibição de *venire contra factum proprium*). Atente-se, a este propósito, na asserção de MARIAN PASCHKE, *Treupflichten im Recht der juristischen Personen*, in "Festschrift für Rolf Serick zum 70. Geburtstag", Recht und Wirtschaft, Heidelberg, 1992, 313-327, pp. 325 ss.: os comportamentos abusivos do sócio no âmbito das suas relações societárias traduzem-se em violações do dever de lealdade desse sócio para com a sociedade, pelo que os limites impostos pela proibição do abuso do direito correspondem a manifestações desse dever de lealdade. HANS CHRISTOPH GRIGOLEIT, *Gesellschafterhaftung für interne Einflussnahme im Recht der GmbH*, cit., pág. 242, nega a possibilidade de o recurso ao § 242 do BGB fundamentar uma responsabilidade directa dos sócios perante os credores sociais, uma vez que a limitação da responsabilidade não constitui um direito que os primeiros possam exercer relativamente aos segundos e, ainda, porque tal solução não constituiria, de qualquer modo, fundamento legal para uma eventual pretensão dos credores sociais contra os sócios.

[43] Cfr. PETER ERLINGHAGEN, *Haftungsfragen bei einer unterkapitalisierten GmbH*, in "GmbH-Rundschau", 1962, 169-176, pág. 176. Também na doutrina italiana se resolvem os casos de responsabilização do sócio pelas dívidas sociais com base no abuso do direito, mais precisamente, do abuso do direito dos sócios a invocarem a limitação da sua responsabilidade. Cfr. FRANCESCO GALGANO, *Diritto Civile e Commerciale. Vol. III. L'Impresa e le Società. Tomo II. Le Società di Capitali e le Cooperative*, 4ª ed., Cedam, Padova, 2004, pág. 115 (deve ter-se presente que existe aqui uma identificação entre limitação da

MARIA DE FÁTIMA RIBEIRO

Mas a doutrina levanta a questão de saber em que termos poderá operar a responsabilização do sócio, uma vez que o artigo 334º do Código Civil apenas parece proscrever o comportamento abusivo: directamente, a eficácia desta norma é "preclusiva ou impeditiva"[44]. Para resolver satisfatoriamente o problema, pode ser proposta a adesão à construção de

responsabilidade e personalidade jurídica, própria das doutrinas alemã e italiana, e que resulta do critério através do qual, nestas ordens jurídicas, se atribui a personalidade jurídica às sociedades). Mas a adesão às construções que partem do abuso do direito não é pacífica: FRANCESCO VASSALI, *Il fallimento per «abuso»*, in *Studi in Onore di Giuseppe Ragusa Maggiore. Vol. II*, Cedam, Padova, 1997, 1179-1209, pp. 1200 ss., nota 34, entende que o próprio termo "abuso" é, neste contexto, deslocado, por não serem a pessoa colectiva ou a responsabilidade limitada "direitos subjectivos" ou "poderes" de que possa abusar-se, mas antes "disciplinas jurídicas" que o sujeito de direito pode apenas violar; tratar-se-á, em síntese, de "elusão de normas jurídicas próprias do tipo das sociedades capitalísticas". Por outro lado, para determinadas situações contidas nos chamados "problemas *Durchgriff* de responsabilidade", propõem alguns Autores que se fale de "abuso do património social". Cfr., nomeadamente, MATTEO TONELLO, *L'Abuso della Responsabilità Limitata nelle Società di Capitali*, Cedam, Padova, 1999, pp. 212 ss.. Ainda na ordem jurídica italiana, cumpre referir que o disposto no artigo 90 do decreto legislativo 270, del 8 de julio de 1999 (que estabelece a disciplina da administração extraordinária das grandes empresas em estado de insolvência), conhecida como *legge* Prodi *bis*, é considerado manifestação legislativa de responsabilidade aquiliana como solução de determinados problemas *Durchgriff*: concretamente no âmbito de grupo de empresas, a norma dispõe que, nos casos de direcção unitária das empresas do grupo, os administradores das sociedades que tenham abusado de tal direcção (sobre a discussão em torno do facto de esta disposição traduzir a repressão legislativa de um abuso, cfr. PAVONE LA ROSA, *Il gruppo di imprese nella amministrazione straordinaria delle grandi imprese in stato di insolvenza*, in "Giurisprudenza Commerciale", 2000, I, 481-488, pág. 483, e FRANCESCO GALGANO, *Diritto Commerciale. 2. Le Società. Contratto di Società. Società di Persone. Società per Azioni. Altre Società di Capitali. Società Cooperative*, 15ª ed., Zanichelli, Bologna, 2005, pp. 250 ss.. Enquanto para PAVONE LA ROSA não é correcta, aqui, a referência a um abuso, por este ser necessariamente "um modo ilegítimo de exercício de um direito", para GALGANO o abuso pode ter por objecto um direito, um poder, ou "uma posição de vantagem juridicamente relevante como mera situação de facto", como acontece nos casos de abuso de dependência económica) respondem, solidariamente com os administradores da sociedade declarada insolvente, pelos danos por estes causados à própria sociedade em consequência das instruções emitidas. Cfr. NADIA ZORZI, *L'Abuso della Personalità Giuridica ...*, cit., pp. 238 ss..

[44] Cfr. MANUEL ANTÓNIO DE CASTRO PORTUGAL CARNEIRO DA FRADA, *Teoria da Confiança e Responsabilidade Civil*, Almedina, Coimbra, 2004, pp. 165 ss., nota 121; RICARDO ALBERTO SANTOS COSTA, *A Sociedade por Quotas Unipessoal no Direito Português. Contributo para o Estudo do seu Regime Jurídico*, Almedina, Coimbra, 2002, pp. 723 ss., nota 951.

SINDE MONTEIRO[45]: a esta luz, a proscrição do abuso do direito consagrada no artigo 334º do Código Civil também revelaria o carácter ilegítimo do comportamento em causa, pelo que a norma poderá ter um conteúdo delitual, a "desentranhar" pela doutrina e pela jurisprudência. Em consequência, a violação do disposto no artigo 334º do Código Civil constituirá ilícito[46] que autoriza o recurso às regras sobre responsabilidade civil[47]. Assim, nas palavras de CARNEIRO DA FRADA, ultrapassa-se a "eficácia meramente *preclusiva* da conduta inadmissível", fundamentando-se a responsabilidade própria dos sócios perante os credores sociais[48]. Também COUTINHO DE ABREU chega ao mesmo resultado, mas adicionando o abuso do direito aos casos constantes na previsão do artigo 483º do Código Civil, "como forma de antijurídico"[49]. De resto, cumpre referir que já existe entre nós tradição doutrinal na defesa da responsabilização civil daquele que actua abusivamente no exercício de direitos, em violação do disposto no artigo 334º do Código Civil.[50-51]

---

[45] Cfr. JORGE FERREIRA SINDE MONTEIRO, *Responsabilidade por Conselhos, Recomendações ou Informações*, Almedina, Coimbra, 1989, pp. 545 ss..

[46] Por a norma constituir *"cláusula residual* de ilicitude". Cfr. RICARDO ALBERTO SANTOS COSTA, *A Sociedade por Quotas Unipessoal ...*, cit., pág. 723, nota 951.

[47] Neste sentido, cfr. também PEDRO PAIS DE VASCONCELOS, *Teoria Geral do Direito Civil*, 4ª ed., Almedina, Coimbra, 2007, pp. 668 ss..

[48] Cfr. MANUEL ANTÓNIO CARNEIRO DA FRADA, *Teoria da Confiança e Responsabilidade Civil*, cit., pág. 170, nota 121.

[49] Cfr. JORGE MANUEL COUTINHO DE ABREU, *Do Abuso de Direito. Ensaio de um Critério em Direito Civil e nas Deliberações Sociais Abusivas* (reimpressão da edição de 1983), Almedina, Coimbra, 1999, pp. 76 ss..

[50] Nesta linha, cfr. ADRIANO PAES DA SILVA VAZ SERRA, *Abuso do direito (em matéria de responsabilidade civil)*, in "Boletim do Ministério da Justiça", nº 85, Abril – 1958, 243-360, pp. 253 e 327; FERNANDO DE SANDY LOPES PESSOA JORGE, *Ensaio sobre os pressupostos da responsabilidade civil*, Lisboa, 1968, pág. 201 (para quem a violação voluntária das limitações relativas ao exercício do direito "integra a figura do acto ilícito *proprio sensu*", pelo que existirá responsabilidade civil sempre que se preencham os restantes pressupostos do instituto); FERNANDO AUGUSTO CUNHA DE SÁ, *Abuso do Direito*, Almedina, Coimbra, 1997 (reimpressão da edição de 1973), pp. 638 ss.; RUI DE ALARCÃO, *Direito das Obrigações. Texto elaborado pelos Drs. J. Sousa Ribeiro, J. Sinde Monteiro, Almeno de Sá e J. C. Proença, com base nas Lições do Prof. Doutor Rui de Alarcão ao 3º Ano Jurídico*, Coimbra, 1983, pág. 224 (o abuso do direito, nos termos em que vem previsto no artigo 334º do Código Civil, será facto ilícito gerador de responsabilidade); PIRES DE LIMA/ANTUNES VARELA, *Código Civil Anotado. Volume I*, 4ª ed. (com a colaboração de HENRIQUE MESQUITA), Coimbra Editora, Coimbra, 1987, pág. 299

Simplesmente, cabe aqui, em nosso entender, um reparo: sempre que esteja em causa a responsabilização do sócio perante os credores sociais no âmbito da alegada "desconsideração da personalidade jurídica", o recurso à proibição do abuso do direito, ainda que apenas no âmbito da sua eficácia meramente preclusiva ou impeditiva, teria automaticamente efeitos responsabilizadores. Se o sócio deixa de poder invocar, perante os credores sociais, a existência da sociedade de responsabilidade limitada, ou mesmo só os preceitos que lhe atribuem o "benefício da responsabilidade limitada", ele responderá, necessariamente, perante esses credores, por ser essa a consequência do facto de já não "existir", em concreto, a personalidade jurídica da sociedade em causa, ou do facto de ele já não ser, em concreto, "sócio de responsabilidade limitada". A discussão que se expôs releva no âmbito da qualificação da responsabilidade do sócio – que, neste último caso, será uma responsabilidade patrimonial, enquanto à luz das teses descritas terá o carácter de responsabilidade aquiliana.

Questão que subsiste é a de saber, neste caso, em que termos responderiam os sócios. Se se entende que está em causa o abuso na invocação

("a ilegitimidade do abuso do direito tem as consequências de todo o acto iligítimo: pode dar lugar à obrigação de indemnizar"); MÁRIO JÚLIO DE ALMEIDA COSTA, *Direito das Obrigações*, 10ª edição, Almedina, Coimbra, 2006, pág. 564 (onde o Autor afirma peremptoriamente que o titular do direito abusivamente exercido, à luz do artigo 334º, tem a obrigação de reparar os danos produzidos a outrem); LUÍS MANUEL TELES DE MENEZES LEITÃO, *Direito das Obrigações. Vol. I. Introdução. Da Constituição das Obrigações*, 6ª ed., Almedina, Coimbra, 2007, pág. 297 (MENEZES LEITÃO entende que a previsão do abuso do direito estabelece o carácter ilícito dos comportamentos que caibam na previsão do artigo 334º, "acrescentando assim uma pequena cláusula geral, que pode funcionar em substituição da previsão de ilicitude por ofensa dolosa aos bons costumes, prevista no § 826 do BGB, e no domínio da qual pode ser admitido o ressarcimento dos danos patrimoniais puros". Esta solução já resultava da proposta de MANUEL ANTÓNIO CARNEIRO DA FRADA, *Uma "Terceira Via" no Direito da Responsabilidade Civil?*, Almedina, Coimbra, 1997, pp. 55 ss., e que é acolhida por MARIA JOÃO SARMENTO PESTANA DE VASCONCELOS, *Algumas questões sobre a ressarcibilidade delitual de danos patrimoniais puros no ordenamento jurídico português*, in VVAA, "Novas Tendências da Responsabilidade Civil", Almedina, Coimbra, 2007, 147-206, pp. 191 ss., especialmente pág. 199).
[51] De resto, tal construção encontrava consagração expressa no Anteprojecto do Código Civil da autoria de VAZ SERRA – cfr. ADRIANO PAES DA SILVA VAZ SERRA, *Direito das obrigações (parte resumida) – continuação*, in "Boletim do Ministério da Justiça", nº 101, Dezembro – 1960, 13-161 –, onde a matéria aparecia tratada na parte consagrada ao Direito das Obrigações, precisamente como fonte das obrigações: no capítulo dedicado à responsabilidade civil, previa-se nos artigos 735º e 736º, a pp. 116 ss., que os actos praticados em abuso do direito, quando causadores de danos e enquanto "antijurídicos", gerariam obrigação de indemnizar.

O CAPITAL SOCIAL DAS SOCIEDADES POR QUOTAS E O PROBLEMA DA SUBCAPITALIZAÇÃO ...

do benefício da limitação da responsabilidade, a consequência será a não aplicação do artigo 197º nº 3 do CSC, mas a sociedade continua a ter personalidade jurídica; aqui, poderia pensar-se na aplicação analógica do disposto no artigo 175º nº 1 do CSC relativo à sociedade em nome colectivo, mas essa solução não parece responder às exigências da analogia[52]. Se, ao invés, se entende que está realmente em causa a personalidade jurídica da pessoa colectiva, então pode ser equacionada a aplicação do regime da sociedade comercial antes do registo[53].

Porém, as propostas de solução do problema da subcapitalização material não se esgotam no âmbito do recurso ao instituto do abuso do direito, pois os autores que defendem neste caso a responsabilização dos sócios não se satisfazem, em regra, com um desequilíbrio ou uma desproporção de carácter objectivo entre o capital social necessário e o capital social efectivo[54]: exigem, como pressuposto para o recurso à solução supostamente "desconsiderante", que o facto de o capital social ser insuficiente tenha sido claramente conhecido dos sócios, e que estes estivessem conscientes da existência de uma grande – muito superior ao habitual – probabilidade de insucesso comercial à custa dos credores (ou seja, que se trate de uma *qualifizierte Unterkapitalisierung*)[55]. Logo, sujeita-se a possibilidade

---

[52] Cfr. MARIA DE FÁTIMA RIBEIRO, *A Tutela dos Credores da Sociedade por Quotas e a "Desconsideração da Personalidade Jurídica"*, cit., pp. 339 ss..

[53] Cfr. MARIA DE FÁTIMA RIBEIRO, *A Tutela dos Credores da Sociedade por Quotas e a "Desconsideração da Personalidade Jurídica"*, cit., pp. 341 ss..

[54] Essa é a posição daquela doutrina (minoritária) que defende a responsabilidade ilimitada do sócio de responsabilidade limitada em todos os casos de subcapitalização simples (*einfachen Unterkapitalisierung*), ou seja, sempre que fosse possível verificar que os sócios não dotaram, em concreto, a sociedade de capital suficiente para a exploração do seu objecto negocial, independentemente do seu conhecimento do facto. É o caso de KARL WINKLER, *Die Haftung der Gesellschafter einer unterkapitalisierten GmbH*, in "Der Betriebs-Berater", 1969, 1202-1207, pág. 1202; ULRICH IMMENGA, *Die personalistische Kapitalgesellschaft*, cit., pp. 402 ss.; HERBERT WIEDEMANN, *Gesellschaftsrecht. Ein Lehrbuch des Unternehmens- und Verbandsrechts. Tomo I* ..., cit., pp. 565 ss. (sobretudo, pág. 572).

[55] Esta posição predominava entre a doutrina alemã que considerava a subcapitalização um dos grupos de casos de responsabilidade *Durchgriff*. Cfr. PETER ULMER, *Gesellschafterdarlehen und Unterkapitalisierung bei GmbH* ..., cit., pág. 679; *idem, Die GmbH und der Gläubigerschutz*, in "GmbH Rundschau", 1984, 256-264, pp. 261 ss.; *idem, Anh. § 30. Gesellschafterhaftung bei Unterkapitalisierung*, cit., pág. 1090; ECKARD REHBINDER, *Zehn Jahre Rechtsprechung zum Durchgriff im Gesellschaftsrecht*, in "Festschrift für Robert Fischer", de Gruyter, Berlin/ /New York, 1979, 579-603, pp. 584 ss.; MARCUS LUTTER, *Die zivilrechtliche Haftung in der*

MARIA DE FÁTIMA RIBEIRO

de recurso à "desconsideração da personalidade jurídica" à verificação do requisito da culpa dos sócios a responsabilizar[56]. Nesta perspectiva, já não estará em causa o recurso a uma verdadeira solução "desconsiderante", mas apenas à aplicação directa do instituto da responsabilidade civil por factos ilícitos[57].

Unternehmensgruppe, cit., pp. 247 ss.; WALTER STIMPEL, *Durchgriffshaftung bei der GmbH: Tatbestände, Verlustausgleich, Ausfallhaftung*, in "Bilanz- und Konzernrecht. Festschrift für Reinhard Goerdeler", IDW, Düsseldorf, 1987, 601-621, pág. 608; HANS-JOACHIM PRIESTER, *Die eigene GmbH als fremder Dritter – Eigensphäre der Gesellschaft und Verhaltenspflichten ihrer Gesellschafter*, in "Zeitschrift für Unternehmens- und Gesellschaftsrecht", 1993, 512-533., pág. 526; THOMAS RAISER, *Die Haftungsbeschränkung ist keine Wesensmerkmal der juristischen Person*, in "Festschrift für Marcus Lutter zum 70. Geburtstag. Deutsches und europäisches Gesellschafts-, Konzern- und Kapitalmarktrecht", Otto Schmidt, Köln, 2000, 637-650, pág. 650; BARBARA GRUNEWALD, *Gesellschaftsrecht*, cit., pp. 206 ss.; CHRISTOPH PHILIPP/ /THOMAS WEBER, *Materielle Unterkapitalisierung als Durchgriffshaftung im Lichte der jüngeren BGH-Rechtsprechung zur Existenzvernichtung*, in "Der Betrieb", 2006, 142-145, cit., pág. 144. Entre nós, acolhe solução semelhante ALEXANDRE MOTA PINTO, *Do Contrato de Suprimento* ..., cit., pp. 124 ss.; idem, *Capital social e tutela dos credores* ..., cit., pág. 25.

[56] Mais precisamente, do dolo eventual. Cfr. WERNER FLUME, *Allgemeiner Teil des bürgerlichen Rechts. Tomo I. Parte 2. Die juristische Person*, Springer Verlag, Berlin/Heidelberg/New York/Tokyo, 1983, pp. 82 ss.; HANS CHRISTOPH GRIGOLEIT, *Gesellschafterhaftung für interne Einflussnahme im Recht der GmbH*, cit., pág. 243. Então, na ordem jurídica alemã, estará em causa a aplicação, a estes casos de "subcapitalização qualificada", do § 826 BGB, que prevê a responsabilidade pelos danos causados dolosamente através de comportamentos ofensivos dos bons costumes. Cfr. GÖTZ HUECK/LORENZ FASTRICH, *§ 13. Rechtsnatur der GmbH*, cit., pp. 237 ss.. Também a doutrina e a jurisprudência espanholas parecem convergir neste ponto, concluindo que, então, apenas poderá estar em causa nos casos de subcapitalização material a responsabilidade daqueles sócios que possam exercer uma influência dominante na sociedade em apreço, e nunca a dos meros "sócios investidores". Cfr. FRANCISCO VICENT CHULIÁ, *Introducción al Derecho Mercantil*, cit., pp. 486 ss.. Recorde-se, contudo, que CÁNDIDO PAZ-ARES, *Sobre la infracapitalización de las sociedades*, cit., pág. 1618, se afasta desta orientação, defendendo a responsabilidade de todos os sócios nos casos de subcapitalização material originária.

[57] Cfr. ULRICH KAHLER, *Die Haftung des Gesellschafters im Falle der Unterkapitalisierung einer GmbH*, in "Der Betriebs-Berater", 1985, 1429-1434, pp. 1431 ss.; JOSÉ MASSAGUER, *El capital nominal. Un estudio del capital de la sociedade anónima como mención estatutaria*, in "Revista General de Derecho", 1990, 5547-5604, pp. 5573 e 5574; GIUSEPPE PORTALE, *Capitale sociale e società per azioni sottocapitalizzata*, in RS, cit., pp. 87 ss.; GÜNTER H. ROTH, *Unterkapitalisierung und persönliche Haftung*, in "Zeitschrift für Unternehmens- und Gesellschaftsrecht", 1993, 170-209, pp. 204 ss.; PAUL HOFFMANN, *Zum "Durchgriffs"-Problem bei der unterkapitalisierten GmbH*, in "Neue Juristische Wochenschrift", 1966, 1941-1946, pág. 1946; ALEXANDRE MOTA PINTO, *Do Contrato de Suprimento* ..., cit., pp. 127 ss.; HERBERT WIEDEMANN/KASPAR FREY, *Gesellschaftsrecht*,

O CAPITAL SOCIAL DAS SOCIEDADES POR QUOTAS E O PROBLEMA DA SUBCAPITALIZAÇÃO ...

Em qualquer caso, uma responsabilização directa dos sócios perante os credores sociais – apesar de não pôr necessariamente em causa, como se expõe, a personalidade jurídica da sociedade, nem tampouco a sua autonomia patrimonial – não se apresenta como adequada, por ser juridicamente infundada e excessiva[58], pelo que tende a ser abandonada[59-60]. De facto, e como já se assinalou em sede própria, a subcapitali-

---

cit., pág. 274; CHRISTOPH PHILIPP/THOMAS WEBER, *Materielle Unterkapitalisierung als Durchgriffshaftung* ..., cit., pp. 144 ss.. A verdade é que a actuação da jurisprudência dos diversos países europeus tem sido bastante prudente (e, mesmo, cada vez mais prudente) no que respeita à possibilidade de solucionar o problema através do recurso a uma solução *Durchgriff*. Cfr. a análise exaustiva, até 1973, de GEORG WINTER, *Die Haftung der Gesellschafter im Konkurs der unterkapitalisierten GmbH*, cit., pp. 64 ss..

[58] Cfr. MARKUS GEIBLER, *Zukunft, Stillstand oder Geltungsverlust für die Durchgriffshaftung im Recht der GmbH?*, cit., pp. 77 ss.; MATTEO TONELLO, *La dottrina del piercing the veil nell'american corporate law*, in "Contratto e Impresa", 1998, 165-255, pp. 195 ss.; CARMEN BOLDÓ RODA, *La dottrina del* levantamiento del velo *della personalità giuridica nel diritto privato spagnolo*, in "Contratto e Impresa", 1998, 256-313, pág. 293; ULRICH EHRICKE, *Zur Begründbarkeit der Durchgriffshaftung in der GmbH, insbesondere aus methodischer Sicht*, in "Archiv für die Civilistische Praxis", 1999, 257-304, pp. 275 ss.; TIM DRYGALA, *Stammkapital heute* ..., cit., pp. 633 ss.. WOLFGAGNG VONNEMANN, *Haftung von GmbH-Gesellschaftern wegen materieller Unterkapitalisierung*, cit., pp. 77 ss., nega a compatibilidade e a própria necessidade de tal solução à luz do direito vigente. Ou seja, a resposta à questão da subcapitalização também passa, na Alemanha, pela negação da possibilidade de responsabilização dos sócios nos casos de subcapitalização, com o argumento de que o legislador apenas exige, para a constituição da sociedade, a sua dotação com o capital mínimo fixado para cada tipo social; a esta razão acresceria o facto de não existirem critérios seguros para a determinação daquele que seria, em cada caso, o capital social adequado. Esta é, nomeadamente, a opinião de JAN WILHELM, *Rechtsform und Haftung bei der juristischen Person*, Carl Heymanns, Köln/Berlin/Bonn/München, 1981, pp. 308 ss., e de WERNER FLUME, *Allgemeiner Teil des bürgerlichen Rechts. Tomo I. Parte 2* ..., cit., pp. 79 ss.. Também no âmbito da análise económica da figura *Haftungsdurchgriff* se conclui que esta solução é excessiva no que respeita à tutela dos credores sociais de sociedades materialmente subcapitalizadas, uma vez que a publicidade a que está obrigatoriamente sujeito o montante do capital social vai permitir àqueles o conhecimento da situação e, consequentemente, a negociação das condições em que se relacionam com a sociedade. Até a hipotética restrição da aplicação de *Haftungsdurchgriff* aos casos de subcapitalização material "qualificada" merece esta crítica, e outra ainda: a de acabar por premiar e, por conseguinte, estimular economicamente a ingenuidade dos potenciais agentes de mercado e a leviandade da respectiva actuação, pondo em causa a estabilidade do próprio mercado. Cfr. STEFANO LOMBARDO/NILS WUNDERLICH, *Über den ökonomischen Sinn und Unsinn eines Haftungsdurchgriffs im Recht der Kapitalgesellschaften*, cit., pp. 24 ss..

[59] Em sentido contrário, defendendo que a desconsideração da personalidade jurídica "permite ocorrer a anomalias de comportamento desta natureza", cfr. JOSÉ DE OLIVEIRA

ASCENSÃO, *Direito Comercial. Vol. IV ...*, cit., pp. 78 ss.. Ainda na doutrina pátria, defende o recurso à responsabilização (subsidiária) ilimitada dos sócios perante os credores sociais nos casos de subcapitalização material qualificada MANUEL COUTINHO DE ABREU, *Curso deDireito Comercial. Vol. II ...*, cit., pág. 182; e, em termos próximos, ALEXANDRE MOTA PINTO, *Do Contrato de Suprimento ...*, cit., pp. 124 ss.; *idem, Capital social e tutela dos credores ...*, cit., pág. 861. Já DIOGO PEREIRA DUARTE, *Aspectos do Levantamento da Personalidade Colectiva nas Sociedades em Relação de Domínio ...*, cit., pp. 311 ss., apenas admite o levantamento da personalidade da sociedade nos casos de subcapitalização manifesta, perante credores involuntários, mas sem fazer depender o recurso a essa técnica da má fé ou dolo dos sócios (o que, para o Autor, corresponderia à adesão a uma concepção subjectivista do abuso do direito, figura a que DIOGO PEREIRA DUARTE recorre para fundamentar dogmaticamente o levantamento da personalidade colectiva). Também ANTÓNIO MENEZES CORDEIRO, *Tratado de Direito Civil Português. I. Parte Geral. Tomo III. Pessoas*, 2ª ed., Almedina, Coimbra, 2007, pág. 687, considera que "ainda há margem" para considerar a subcapitalização material um "tipo de casos próprios do levantamento", por poder essa solução "auxiliar no apuramento do escopo das normas em presença", nomeadamente ao "apontar a função do capital social como regra de tutela dos credores" (no que o Autor segue MARCUS LUTTER/PETER HOMMELHOFF, *Nachrangiges Haftkapital und Unterkapitalisierung in der GmbH*, in "Zeitschrift für Unternehmens- und Gesellschaftsrecht", 1979, 31-66, pp. 57 ss.). Na doutrina alemã mais recente, HERBERT WIEDEMANN, *Reflexionen zur Durchgriffshaftung ...*, cit., pp. 295 ss., veio defender a existência de uma responsabilidade *Durchgriff* nos casos de subcapitalização, com o argumento de que se a responsabilidade em caso de *Existenzvernichtung* (novo grupo de casos *Durchgriff*, entretanto retirado do seu âmbito, em resultado da evolução da orientação do BGH na fundamentação da responsabilidade *Durchgriff*), ou *Existenzvernichtungshaftung*, devia existir quando o sócio atenta contra a capacidade de a sociedade satisfazer as suas obrigações, então deveria ainda abranger as situações em que ele não dotou a sociedade dessa capacidade. Neste sentido, cfr. também GEORG BITTER, *Der Anfang vom Ende des "qualifiziert faktischen GmbH-Konzerns". Ansätze einer allgemeinen Missbrauchshaftung in der Rechtsprechung des BGH*, in "Wertpapier Mitteilungen: Zeitschrift für Wirtschafts- und Bankrecht", 2001, 2133--2141, pp. 2139 e ss; PETER ULMER, *Von "TBB" zu "Bremer Vulkan" – Revolution oder Evolution?*, in "Zeitschrift für Wirtschaftsrecht", 2001, 2021-2029, pág. 2026; MARCUS LUTTER/NIRMAL ROBERT BANERJEA, *Die Haftung wegen Existenzvernichtung*, in "Zeitschrift für Unternehmens- und Gesellschaftsrecht", 2003, 402-440, pág. 440; HANS-GEORG KOPPENSTEINER, *Anh. § 318*, in "Köllner Kommentar zum Aktiengesetz. Tomo VI. §§ 14-22 AktG, §§ 291-328 AktG und Meldepflichten nach §§ 21 ff. WpHG, SpruchG", 3ª ed., Carl Heymannns, Köln/Berlin/ /München, 2004, pp. 1188 ss.; THOMAS RAISER, *§ 13. Juristische Person; Handelsgesellschaft*, in "PETER ULMER/MATHIAS HABERSACK/MARTIN WINTER GmbHG Großkommentar. Tomo I. Einleitung. §§ 1-28", Mohr Siebeck, Tübingen, 2005, pág. 961. A ideia é acolhida, na doutrina italiana, por GIUSEPPE B. PORTALE, *Capitale sociale e società per azioni sottocapitalizzata*, in "Trattato delle Società per Azioni, dir. G.E. COLOMBO/G.B. PORTALE. 1**", UTET, Torino, 2004, 1-166, pág. 51, nota 74. Contudo, o entendimento de que a subcapitalização material é um dos "grupos de zação é um fenómeno até certo ponto assumido e tolerado pelo legislador no âmbito do modelo da sociedade por quotas[61]. Um mecanismo que permitisse aos tribunais responsabilizar directamente os sócios sempre que, em concreto, considerassem uma determinada sociedade subcapitalizada poderia transformar-se num entorse ao princípio da responsabilidade limitada dos sócios em determinados tipos societários, relativamente aos quais o legislador pretendeu, precisamente, favorecer a realização de projectos empresariais arriscados[62].

Acresce ao exposto que, uma vez que resulta do regime legal de determinados tipos societários que o legislador autoriza a transferência de parte significativa dos riscos da actividade empresarial para os credores da sociedade, não pode ser inequivocamente afirmada a existência de

casos" de *Existenzvernichtungshaftung* não é pacífico. Para mais, a fundamentação dogmática desta responsabilidade foi deslocada agora, pelo BGH, para o âmbito do § 826 do BGB, mas como responsabilidade interna, do sócio perante a GmbH. Por outro lado, com a introdução no ordenamento jurídico alemão da UG, que pode ser constituída com um capital social de1 euro, torna-se inequívoca a impossibilidade de afirmação da existência de uma obrigação de os sócios dotarem a sociedade dos meios financeiros necessários para o exercício da actividade que constitui o objecto social. Em consequência, cai a possível fundamentação de uma *Unterkapitalisierungshaftung*. Cfr. ULRICH SEIBERT, *Der Regierungsentwurf des MoMiG und die haftungsbeschränkte Unternehmergesellschaft*, in "GmbH-Rundschau", 2007, 673-677, cit., pág. 677; HANS CHRISTOPH GRIGOLEIT/MARKUS S. RIEDER, *GmbH-Recht nach dem MoMig*, cit., pág. 34.

[60] Esta tendência é confirmada pela análise da jurisprudência mais recente do *Bundesgerichtshof*, nomeadamente no seu recente acórdão *Gamma*, de 28 de Abril de 2008, onde foi expressamente rejeitada a possibilidade de os sócios de uma sociedade subcapitalizada serem responsabilizados através do recurso à *Haftungsdurchgriff*, por inexistência de lacuna que o justificasse. Contudo, o tribunal deixou expressamente em aberto a possibilidade de aplicação do § 826 BGB, desde que verificados os respectivos pressupostos (note-se que se trata, aqui, de uma responsabilidade interna, dos sócios perante a sociedade). Cf. a análise de HOLGER ALTMEPPEN, *Zur vorsätzlichen Gläubigerschädigung, Existenzvernichtung und materiellen Unterkapitalisierung in der GmbH. Zugleich Besprechung BGH v. 28.4.2008 – II ZR 264/06, ZIP 2008, 1232 "Gamma"*, in "Zeitschrift für Wirtschaftsrecht", 2008, 1201-1207, pp. 1201 ss.; HANS CHRISTOPH GRIGOLEIT/MARKUS S. RIEDER, *GmbH-Recht nach dem MoMig*, cit., pág. 34.

[61] Pode afirmar-se que o legislador permite a limitação da responsabilidade dos sócios da sociedade por quotas na exploração da empresa e que esse é, até, um fenómeno "economicamente desejável", ainda quando seja transferida para os credores uma parte significativa dos riscos dessa exploração, enquanto aos sócios cabe a totalidade dos proveitos. Cfr. JOCHEN VETTER, *Grundlinien der GmbH-Gesellschafterhaftung*, cit., pág. 789.

[62] Cfr. CARMEN BOLDÓ RODA, *La dottrina del* levantamiento del velo *della personalità giuridica nel diritto privato spagnolo*, cit., pág. 293.

MARIA DE FÁTIMA RIBEIRO

uma obrigação legal de capitalização adequada, o que põe em causa a possibilidade de responsabilização dos sócios pela subcapitalização da sociedade[63].

Cabe neste contexto, ainda, considerar a evolução legislativa recente relativa ao papel dos sócios no nível de capitalização da sociedade comercial. É sintomática, a este propósito, a alteração mais recente do artigo 35º do CSC, ou seja, do regime vigente no nosso ordenamento jurídico para as "perdas graves", a que o legislador se refere como "perda de metade do capital", que é a situação em que o património líquido da sociedade desce significativamente abaixo do valor do capital social, por razões que não dependem da vontade dos sócios[64].

[63] Entre nós, cfr. RAÚL VENTURA, Sociedades por Quotas. Vol. II ..., cit., pp. 80 ss.; ALEXANDRE MOTA PINTO, Do Contrato de Suprimento ..., cit., pág. 128. No mesmo sentido, à luz da ordem jurídica italiana, cfr. GIUSEPPE RAGUSA MAGGIORE, Trattato delle Società. II. Le Società di Capitali. La Società per Azioni. Formazione della Società per Azioni. Nuovo Diritto Societario, Cedam, Padova, 2003, pág. 201. Na ordem jurídica alemã, cfr., nomeadamente, HERBERT WIEDEMANN, Gesellschaftsrecht. Ein Lehrbuch des Unternehmens- und Verbandsrecht. Tomo I ..., cit., pp. 570 ss.; JAN WILHELM, Rechtsform und Haftung bei der juristischen Person, cit., pp. 308 ss.; WERNER FLUME, Allgemeiner Teil des bürgerlichen Rechts. Tomo I. Parte 2 ..., cit., pp. 79 ss.; WOLFGANG VONNEMANN, Haftung von GmbH-Gesellschaftern wegen materieller Unterkapitalisierung, cit., pp. 78 ss.; GEOR BITTER, Der Anfang vom Ende des "qualifiziert faktischen GmbH-Konzerns" ..., cit., pág. 2134; DIETER REUTER, Vor § 21, cit., pág. 426; KARL LARENZ/MANFRED WOLF, Allgemeiner Teil des Bürgerlichen Rechts, 9ª ed., C.H.Beck, München, 2004, pág. 152; JOCHEN VETTER, Grundlinien der GmbH-Gesellschafterhaftung, cit., pp. 815 ss. (a pág. 819, o Autor qualifica a própria questão da subcapitalização material como "anacrónica", perante as recentes evoluções no que respeita à chamada 1-Euro-GmbH); FRIEDRICH KÜBLER/HEINZ-DIETER ASSMANN, Gesellschaftsrecht. Die privatrechtlichen Ordnungsstrukturen und Regelungsprobleme von Verbänden und Unternehmen, 6ª ed., C.F.Müller, Heidelberg, 2006, pág. 296.

[64] Na "descapitalização", foram colocados ao dispor da sociedade meios suficientes para o exercício da actividade que constitui o objecto social, mas, por razões de mercado e em virtude do funcionamento da empresa, o valor do património da sociedade desceu perigosamente abaixo do nível desses meios considerados suficientes. No fundo, a diferença reside no carácter dos factos que deram origem à falta de adequação dos meios necessários à exploração da empresa: se os sócios tomam decisões que podem determinar a necessidade de mais meios, como a alteração do objecto, fala-se de subcapitalização superveniente; se os sócios dotaram a sociedade de meios suficientes, mas a sociedade veio a perdê-los, fala-se de descapitalização. No primeiro caso, assiste-se a uma transferência voluntária, operada pelos sócios, do risco da exploração empresarial para terceiros. No segundo caso, a situação vai naturalmente ser prejudicial para os credores sociais, mas não é conscientemente causada pelos sócios, que vêem também os seus interesses ameaçados. Não cabe aqui a situação em que existem condutas da sociedade que provocam uma diminuição real do património

O CAPITAL SOCIAL DAS SOCIEDADES POR QUOTAS E O PROBLEMA DA SUBCAPITALIZAÇÃO ...

Em 2005, o regime vigente no nosso ordenamento jurídico para as "perdas graves" sofreu uma importante alteração: rompendo com a tradição legislativa na matéria, aproximou-se do chamado "modelo informativo" ou "preventivo". De facto, se até há bem pouco tempo o regime estabelecido no artigo 35º do CSC reflectia o cuidado do legislador pátrio na regulação do chamado fenómeno de "perdas graves" na exploração da actividade que constitui o objecto social, com a entrada em vigor do Decreto-Lei nº 19/2005, de 18 de Janeiro, pôde assistir-se a uma significativa viragem nessa matéria.

Com este diploma (cuja entrada em vigor recuou a 31 de Dezembro de 2004), a verificação de ocorrência de "perdas graves" no património da sociedade, bem como a passividade dos sócios perante a situação, deixam de constituir fundamento de dissolução da mesma (automática ou judicial, a requerimento de sócios ou credores da sociedade). Agora, se das contas de exercício ou de contas intercalares resultar que metade do capital se encontra "perdido", recai sobre os membros do órgão de administração a obrigação de convocarem uma assembleia geral de sócios, a fim de os informarem da situação e para que estes tomem (se quiserem) as medidas que considerarem convenientes (entre as quais devem ser propostas, entre outras, as seguintes: a dissolução da sociedade, a redução do capital social, e a realização pelos sócios de entradas para "reforço da cobertura" do capital). Mas os sócios não se encontram pressionados para tomar uma qualquer deliberação no sentido da correspondência entre o valor do capital social e o valor do património da sociedade, pelo que a desconformidade em causa pode prolongar-se por um período ilimitado, sem quaisquer consequências.

Em termos práticos, isto significa que do texto do artigo 35º do CSC resulta agora que a situação de "perdas graves" impõe aos membros do órgão de administração o dever de convocarem ou mandarem convocar

---

social com a intenção de prejudicar os credores da sociedade (o que acontece se a sociedade destruir, danificar, inutilizar ou fizer desaparecer parte do seu património) e que acabam por ter como consequência a insolvência da mesma. Neste caso, está preenchido o tipo legal de crime de insolvência dolosa, punível nos termos do artigo 227º do Código Penal (punição que se estende ao gerente de facto). Cfr. PEDRO CAEIRO, *Anotação ao artigo 227º (Insolvência dolosa)*, in "Comentário Conimbricense do Código Penal. Parte Especial. Tomo II. Artigos 202º a 307º", dirigido por JORGE DE FIGUEIREDO DIAS, Coimbra Editora, Coimbra, 1999, 407-433, pp. 412 ss..

MARIA DE FÁTIMA RIBEIRO

uma assembleia geral de sócios[65], para que estes deliberem sobre medidas de nivelamento entre capital social e "capital próprio da sociedade" (património social). No entanto, a manutenção da situação de desconformidade entre estes dois valores já não é fundamento de dissolução da sociedade, por sentença proferida a requerimento de algum interessado ou automática; pelo que essa situação pode manter-se, se tal corresponder à vontade dos sócios expressa em assembleia geral, por tempo indeterminado[66]. A única medida imposta para tutela dos interesses do mercado e, particularmente, dos credores sociais, é a obrigatoriedade de publicitação, em todos os actos externos da sociedade, do facto de o montante do "capital próprio" segundo o último balanço aprovado ser igual ou inferior a metade do capital social, nos termos do artigo 171º, nº 2, do CSC[67], embora seja de ponderar aqui, ainda, o recurso ao instituto da responsabilidade civil, com o fim de fazer responder pelos danos causados os obrigados à convocação ou ao requerimento de convocação daquela assembleia geral pelo incumprimento desse dever[68].

[65] Dever que, para RICARDO ALBERTO SANTOS COSTA, *Responsabilidade civil societária dos administradores de facto*, in J. M. COUTINHO DE ABREU/RICARDO COSTA/M. ÂNGELA COELHO BENTO SOARES/A. SOVERAL MARTINS/ALEXANDRE MOTA PINTO/GABRIELA F. DIAS, "Temas Societários", Almedina, Coimbra, 2006, 23-43, pág. 43, pode ser razoável estender aos administradores de facto.

[66] Cfr. ALEXANDRE MOTA PINTO, *O artigo 35º do Código das Sociedades Comerciais na sua versão mais recente*, in J. M. COUTINHO DE ABREU/RICARDO COSTA/M. ÂNGELA COELHO BENTO SOARES/A. SOVERAL MARTINS/ALEXANDRE MOTA PINTO/GABRIELA F. DIAS, "Temas Societários", Almedina, Coimbra, 2006, 107-151, pp. 133 ss.. Para a análise das razões que levaram o legislador português a abandonar um regime que teria nas sociedades um impacto de "consequências draconianas", cfr. MIGUEL PUPO CORREIA, *Direito Comercial. Direito da Empresa*, 10ª ed. (com a colaboração de ANTÓNIO JOSÉ TOMÁS/OCTÁVIO CASTELO PAULO), Edinforum, Lisboa, 2007, pág. 211.

[67] Cfr. PAULO OLAVO CUNHA, *Direito das Sociedades Comerciais*, cit., pp. 540 ss.; PAULO ALVES DE SOUSA DE VASCONCELOS, *A perda grave do capital social*, in "Revista de Ciências Empresariais e Jurídicas", nº 10, 2007, 7-34, pp. 24 ss.)

[68] Neste sentido, cfr. RICARDO COSTA, *Responsabilidade civil societária dos administradores de facto*, cit., pág. 43; ALEXANDRE MOTA PINTO, *O artigo 35º do Código das Sociedades Comerciais na sua versão mais recente*, cit., pp. 129 ss., nota 36. Para uma abordagem particularmente crítica desta solução (que poderá "dificultar qualquer recuperação"), cfr. ANTÓNIO MENEZES CORDEIRO, *A perda de metade do capital social e a reforma de 2005: um repto ao legislador*, in "Revista da Ordem dos Advogados", ano 65, 2005, I, 45-87; PEDRO PAIS DE VASCONCELOS, *A Participação Social nas Sociedades Comerciais*, cit., pp. 302 ss., nota 336. Em sentido inverso, aplaudindo-a, cfr. ALEXANDRE MOTA PINTO, *O artigo 35º do Código das Sociedades Comerciais na sua versão mais recente*, cit., pág. 150.

Abandonou-se, assim, o chamado "modelo reactivo" ou "repressivo", no qual uma situação de perda grave do capital social deve ser resolvida pelos sócios através de medidas que reponham o equilíbrio entre o valor do capital social e o património social, sob pena de ser cominada a dissolução da sociedade[69].

A grande diferença entre os dois tipos de reacção descritos é a seguinte: enquanto a opção pelo segundo corresponde claramente a uma decisão de atribuição aos sócios do poder/dever de eleição do meio de tutela dos interesses dos credores sociais mais adequado (efectivamente, este modelo assenta no dever de intervenção dos sócios), a escolha do primeiro é manifestação da vontade de libertar os sócios dessa responsabilidade, fazendo-a antes recair sobre os membros do órgão de gestão da sociedade em causa (sem deixar de conferir aos sócios o poder de, querendo, intervirem no sentido que lhes parecer mais conveniente). De qualquer modo, os dois modelos de regulação reflectem ainda, de algum modo, a importância que tem a publicitação de um determinado montante de capital social e a ideia de que este deve, em regra, encontrar uma correspondência mínima no património da sociedade.

Mas também ao nível da evolução do regime da redução do capital social se assiste à atribuição, aos sócios, de uma crescente liberdade: resulta do actual regime da redução do capital social que os sócios podem livremente decidir[70] que já não lhes interessa manter a dimensão da empresa e recuperar parte do seu investimento na sociedade, ou seja, o reembolso do capital investido, embora essa operação represente uma potencial diminuição da garantia dos credores sociais[71], apesar dos mecanismos de tutela consagrados no artigo 96º do CSC[72]. Nestes termos, o

---

[69] Cf. PAULO DE TARSO DOMINGUES, *Variações sobre o Capital Social*, Almedina, Coimbra, 2009, pp. 350 ss.. Este é o esquema de reacção à "perda" de capital social vigente na generalidade dos países da Europa.

[70] Uma vez que o Decreto-Lei nº 8/2007, de 17 de Janeiro, veio eliminar a necessidade de intervenção do tribunal nas operações de redução do capital social, ficando estas dependentes de simples deliberação dos sócios.

[71] Cfr. PAULO OLAVO CUNHA, *Direito das Sociedades Comerciais*, cit., pp. 516 ss. e 549 ss.; *idem*, *O novo regime da redução do capital social ...*, cit., pág. 1034; PAULO DE TARSO DOMINGUES, *Variações sobre o Capital Social*, cit., pp. 539 ss..

[72] Nesta norma estabelece-se que, antes de decorrido o prazo de um mês sobre a publicação do registo da redução do capital, não pode a sociedade efectuar a distribuição de reservas disponíveis ou dos lucros de exercício, valendo a mesma proibição a partir do conhecimento

MARIA DE FÁTIMA RIBEIRO

legislador português reconhece aos sócios a liberdade de procederem a uma redução da própria dimensão do projecto empresarial em cuja exploração consiste a actividade do ente societário, permitindo-lhes, de certo modo, o "desinvestimento" pessoal e financeiro na sociedade comercial.

De tudo o que fica exposto retira-se que a tutela dos credores de sociedade subcapitalizada deve realizar-se, não através da responsabilização dos sócios (a menos, evidentemente, que um sócio, apesar de não ser parte na relação contratual entre a sociedade e um credor, suscite neste uma confiança pessoal – contribuindo de modo significativo para criar neste a confiança de que a sociedade terá meios para satisfazer as obrigações que para ela decorram da conclusão do negócio em causa; nesse caso, e até porque o sócio pode ser visto como alguém directamente interessado, do ponto de vista económico, na celebração do negócio, ele poderá vir a responder perante esse credor por *culpa in contrahendo*[73]), sobre os quais não recai afinal nenhum dever de capitalização adequada, mas através da responsabilização dos administradores e gerentes, de direito e de facto, particularmente no que toca à inobservância do dever de apresentação pontual da sociedade à insolvência; e, consequentemente, do rigoroso apuramento das consequências que podem advir da respectiva violação.

Resta ainda, antes de se avançar para a análise dessa solução, ponderar o argumento, avançado *infra*, de que a exigência de um capital social legal mínimo também cumpriria uma função de distribuição, mais ou menos justa, do risco da empresa: o facto de se permitir, agora, que os sócios transfiram para terceiros a totalidade desse risco não parece justo. Repete-se: embora a constituição de sociedades comerciais e a explora-

---

pela sociedade do requerimento de algum dos credores sociais, uma vez que estes podem, dentro daquele prazo, requerer ao tribunal a proibição ou a limitação da distribuição de reservas disponíveis ou dos lucros de exercício, a não ser que os seus créditos sejam satisfeitos, se já forem exigíveis, ou adequadamente garantidos, se ainda não o forem, desde que esses credores tenham solicitado à sociedade, há pelo menos quinze dias, a satisfação do seu crédito ou a prestação de garantia adequada sem que o seu pedido tenha sido atendido. Para a análise da exiguidade destes prazos, cfr. PAULO OLAVO CUNHA, *O novo regime da redução do capital social ...*, cit., pp. 1061 ss..

[73] Cfr. JOAQUIM DE SOUSA RIBEIRO, *Responsabilidade pré-contratual. Breves anotações sobre a natureza e regime*, in "Estudos em Homenagem ao Professor Doutor Manuel Henrique Mesquita", vol. II, Boletim da Faculdade de Direito da Universidade de Coimbra, Studia Iuridica nº 96, Coimbra Editora, Coimbra, 2009, 745-767, pág. 759.

ção das actividades económicas a que elas se destinam resulte também em benefício do mercado e da comunidade, não existem dúvidas de que aqueles a quem caberá colher mais benefícios, em caso de sucesso empresarial, são os sócios. Deste ponto de vista, como justificar agora, que o legislador prescindiu de impor aos sócios a contribuição com um investimento mínimo, que estes fiquem isentos de responsabilidade na subcapitalização material da sociedade que constituem, enquanto os gerentes poderão ser chamados a responder, nestas circunstâncias, pelo incumprimento dos deveres que sobre eles impendem?

A observação atenta da realidade empresarial fornece, em nosso entender, resposta adequada à questão. Estas sociedades, nas quais cada sócio invista um euro ou quantia semelhante, sem outra contribuição (ainda que indirecta) para o respectivo financiamento, não são projectos dos quais os sócios possam vir a colher benefícios. A probabilidade de insucesso é quase total e, nesse contexto, os sócios jamais poderão receber lucros (sendo que lhes está legalmente vedada a percepção de qualquer quantia, a outro título). Mas os gerentes, sejam ou não sócios, são geralmente remunerados; de resto, é comum a prática de, neste tipo de projectos, eles serem precisamente sócios (ou pessoas com estes especialmente relacionadas) e auferirem, pelo exercício das funções de gerência, remunerações completamente desajustadas da realidade da empresa em causa (ou seja, conseguindo por esta via uma espécie de "distribuição indirecta" de lucros a que legalmente não teriam direito, desde logo porque que não existem, nem poderiam existir, resultados positivos no exercício). Deste modo, pode afirmar-se que, em tais casos, a transferência do risco de exploração da empresa societária para o mercado não virá nunca a beneficiar os seus sócios (sobre os quais, recorde-se, não recai nenhuma obrigação de financiamento), mas beneficia normalmente, desde o momento da sua constituição, os respectivos gerentes (sobre os quais impendem diversas obrigações).

4. A tutela dos credores sociais e a responsabilização dos gerentes de sociedade subcapitalizada

a. o dever de cuidado na administração da sociedade
Desde logo, cumpre recordar que, nos termos do disposto no artigo 64º do CSC, sobre os administradores societários impendem dois tipos de deveres

MARIA DE FÁTIMA RIBEIRO

gerais: deveres de cuidado e deveres de lealdade (embora, em rigor, o primeiro dever dos administradores seja, evidentemente, o de administrar[74])[75]. Os deveres de cuidado, tal como resulta da norma em análise, revelam-se na "disponibilidade", na "competência técnica" e no "conhecimento da actividade da sociedade" adequados às funções e no emprego, nesse âmbito, da "diligência de um gestor criterioso e ordenado". Na nossa doutrina, em reacção à imperfeição da formulação legal, propõe-se nomenclatura diferente, compreendendo o dever de cuidado as seguintes manifestações: "dever de controlo ou vigilância organizativo-funcional" (correspondente ao *duty to monitor* do direito norte-americano), "dever de actuação procedimentalmente correcta (para a tomada de decisões)" (*duty to employ a reasonable decisionmaking process*) e "dever de tomar decisões (substancialmente) razoáveis" (*duty to make reasonable decisions*)[76]; e

---

[74] Cfr. MANUEL CARNEIRO DA FRADA, *A business judgement rule no quadro dos deveres gerais dos administradores*, in MARIA DE FÁTIMA RIBEIRO (coord.), "Sociedades Abertas, Valores Mobiliários e Intermediação Financeira", Almedina, Coimbra, 2007, 201-242, pp. 206 ss.. O Autor expõe que a referência legal ao dever de cuidado do administrador apenas se pode justificar "como qualificativo da obrigação de administrar", pois ao administrador, nessa qualidade, não cabe "um simples dever de *cuidado* (na sua actividade de administração)", mas "o dever de *cuidar* da sociedade, ou seja, o dever de tomar conta, de assumir o interesse social".

[75] Entre nós, sobre estes deveres, cfr. PAULO CÂMARA, *O governo das sociedades e os deveres fiduciários dos administradores*, in MARIA DE FÁTIMA RIBEIRO (coord.), "Jornadas Sociedades Abertas, Valores Mobiliários e Intermediação Financeira", Almedina, Coimbra, 2007, 163-179, pp. 163 ss.; MANUEL CARNEIRO DA FRADA, *A business judgment rule no quadro dos deveres gerais dos administradores*, cit., pp. 201 ss.; ANTÓNIO MENEZES CORDEIRO, *Os deveres fundamentais dos administradores das sociedades (artigo 64º/1 do CSC)*, cit., pp. 19 ss.; PEDRO PAIS DE VASCONCELOS, *Responsabilidade civil dos gestores das sociedades comerciais*, in "Direito das Sociedades em Revista", Março 2009, ano 1, vol. 1, 11-32, pp. 11 ss.; idem, Business judgment rule, *deveres de cuidado e de lealdade, ilicitude e culpa e o artigo 64º do Código das Sociedades Comerciais*, in "Direito das Sociedades em Revista", Outubro 2009, ano 1, vol. 2, 41-79, pp. 41 ss.; NUNO TIAGO TRIGO DOS REIS, *Os deveres de lealdade dos administradores de sociedades comerciais*, in "Cadernos O Direito", nº 4, 2009, "Temas de Direito Comercial", 279-419, pp. 279 ss.; JORGE MANUEL COUTINHO DE ABREU, *Responsabilidade Civil dos Administradores de Sociedades*, 2ª ed., Almedina, Coimbra, 2010, pp. 14 ss..

[76] Cfr. JORGE MANUEL COUTINHO DE ABREU, *Responsabilidade Civil dos Administradores de Sociedades*, cit., pág. 19. COUTINHO DE ABREU segue aqui de perto a doutrina norte-americana, embora a proposta de MELVIN A. EISENBERG, *The duty of care of corporate directors and officers*, in 51 "The University of Pittsburg Law Review", Summer 1990, 945-972, pp. 956 ss., e *Obblighi e responsabilità delle amministratori e dei funzionari delle società nel diritto americano* (trad.), in "Giurisprudenza Commerciale", 1992, 617-636, pp. 618 ss., destaque ainda o dever de o administrador tomar todas as medidas necessárias para controlar a fiabilidade das informações obtidas, quando estas indiciem a existência de factos relevantes para a sociedade (*duty of inquiry*).

ainda se nota que a ponderação dos interesses de trabalhadores, clientes e credores (enquanto sujeitos relevantes para a sustentabilidade da sociedade[77]), mencionada no artigo 64º a propósito do dever de lealdade, respeita antes a este "dever de cuidar do interesse social", uma vez que é certo que "[a]o administrar é que se hão-de ponderar esses interesses, não para ser leal"[78].

Na análise da situação em apreço, interessa salientar que impende sobre os gerentes de sociedade por quotas constituída com um capital social manifestamente insuficiente para a prossecução do seu objecto o dever de procurarem obter os meios de financiamento adequados e, caso isso não seja possível, o dever de informarem os sócios desse facto. Ainda no âmbito da concretização do dever de cuidado, atente-se no facto de os gerentes não deverem obediência a toda e qualquer instrução dos sócios de sociedade subcapitalizada no sentido de prosseguirem, sem os meios de financiamento necessários, a actividade da sociedade. De outro modo, estarão sujeitos à responsabilidade resultante da aplicação dos artigos 72º e seguintes do CSC[79].

Mas é muito provável que a sociedade assim constituída esteja, se não se obtiverem os meios referidos, quase imediatamente insolvente. Também nesse caso é fundamental o papel dos gerentes na tutela dos credores sociais.

b. a obrigação de apresentação da sociedade à insolvência e as consequências da sua violação

Na determinação do momento ideal para a apresentação da sociedade à insolvência, o papel principal cabe aos seus administradores: resulta do cumprimento dos deveres que sobre eles impendem que os administra-

---

[77] PAIS DE VASCONCELOS defende que a norma deve ser interpretada de modo a incluir também "as pessoas especialmente interessadas na sociedade, ou porque a afectam, ou porque são por ela afectadas", ou seja, os *stakeholders*, considerando demasiado restritiva a referência legal apenas àqueles que contribuem para a sustentabilidade da sociedade. Cf. PEDRO PAIS DE VASCONCELOS, *Responsabilidade civil dos gestores das sociedades comerciais*, cit., pág. 21.

[78] Cfr. MANUEL CARNEIRO DA FRADA, *A* business judgment rule *no quadro dos deveres gerais dos administradores*, cit., pp. 212 ss..

[79] Neste sentido, cfr. RUI PINTO DUARTE, *A subcapitalização das sociedades – notas de Direito Privado e de Direito Fiscal*, em curso de publicação.

MARIA DE FÁTIMA RIBEIRO

dores devem conhecer claramente, a cada passo, a situação financeira da sociedade[80].

Por esta razão, determina-se no artigo 19º do Código da Insolvência e da Recuperação de Empresas (CIRE) que a iniciativa de apresentação da sociedade à insolvência – em cumprimento do dever, que impende sobre o devedor, de apresentação à insolvência dentro dos sessenta dias seguintes à data do conhecimento da situação de insolvência, nos termos do disposto no artigo 18º – cabe ao órgão social incumbido da sua administração.

Ora, a sociedade por quotas é considerada em situação de insolvência, nos termos do artigo 3º do CIRE, quando se encontra impossibilitada de cumprir as suas obrigações vencidas e, também, quando o seu passivo seja manifestamente superior ao activo (avaliados segundo as normas contabilísticas aplicáveis)[81]. Uma sociedade por quotas constituída com o capital social mínimo actualmente exigido e sem outros meios de financiamento (ou seja, frustrada que esteja a "esperança de crédito" dos seus sócios) estará, com toda a probabilidade, em situação de insolvência pouco tempo após o início da sua actividade. Assim, deverá ser apresentada à insolvência pelos seus gerentes no prazo de sessenta dias, evitando--se deste modo o agravamento da situação no que respeita à transferência do risco da exploração da empresa para os credores da sociedade[82].

Entre nós, a tutela dos credores sociais quando exista incumprimento da obrigação de apresentação da sociedade à insolvência no prazo legal fixado no CIRE[83] passa necessariamente pela responsabilização dos admi-

---

[80] Cfr. FERNANDO MARÍN DEL LA BÁRCENA GARCIMARTÍN, *La Acción Individual de Responsabilidad Frente a los Administradores de Sociedades de Capital (Art. 135 LSA)*, Marcial Pons, Madrid, 2005, pág. 345.

[81] Cfr. JORGE MANUEL COUTINHO DE ABREU, *Curso de Direito Comercial. Volume I. Introdução, Actos de Comércio, Comerciantes, Empresas, Sinais Distintivos*, 7ª ed., Almedina, Coimbra, 2009, pp. 124 ss..

[82] Cfr. HANS CHRISTOPH GRIGOLEIT/MARKUS S. RIEDER, *GmbH-Recht nach dem MoMig*, cit., pp. 32 ss..

[83] As consequências jurídicas do incumprimento desta obrigação apresentam, como se expõe em seguida, especificidades que justificam o seu tratamento autónomo. Desde logo, diferentes serão as soluções possíveis para os casos de causação e para os restantes casos de agravamento da situação de insolvência da sociedade, com as dificuldades apontadas por MANUEL A. CARNEIRO DA FRADA, *A responsabilidade dos administradores na insolvência*, in "Revista da Ordem dos Advogados", 2006, 653-702, pág. 699, para a responsabilização dos administradores da sociedade, nomeadamente no que toca aos novos credores.

nistradores à luz do disposto no CSC[84]. Para o efeito, os credores podem recorrer à acção social de responsabilidade, sub-rogando-se a esta nos termos do artigo 78º, número 2, ou à acção directa prevista no número

[84] Na realidade, não existe entre nós nenhuma consequência especificamente destinada a prever a responsabilização dos administradores, de direito ou de facto, que não tenham cumprido o dever de apresentação da sociedade à insolvência. Neste caso, nos termos do nº 3 do artigo 186º do CIRE, presume-se a existência de culpa grave na insolvência (no âmbito do incidente de qualificação da insolvência como culposa ou fortuita, regulado nos artigos 185º e seguintes do CIRE). Mas não se prevê expressamente que as pessoas afectadas por essa qualificação corram o risco de ver o seu património responder perante os credores da sociedade insolvente, a exemplo do que acontecia à luz do Código dos Processos Especiais da Recuperação de Empresas e da Falência e do que ainda acontece na generalidade dos ordenamentos jurídicos do espaço europeu. Para uma análise mais detalhada, cf. MARIA DE FÁTIMA RIBEIRO, *A responsabilidade de gerentes e administradores pela actuação na proximidade da insolvência de sociedade comercial*, in "O Direito", 2010, 142º, I, 81-128, pp. 87 ss.. Note-se, ainda, que nas situações previstas no nº 3 do artigo 186º do CIRE (nas quais se inclui a violação, pelos administradores de direito ou de facto, do dever de apresentação da sociedade à insolvência) não se estabelece uma presunção de insolvência culposa (o que acontece expressamente relativamente às diversas alíneas do seu nº 2. Contudo, recorde-se que no Acórdão do Tribunal Constitucional de 26 de Novembro de 2008, nº 570/2008, Relator Vítor Gomes, se afirma que, uma vez que aquilo que o legislador faz corresponder à prova da ocorrência de determinados factos é a valoração normativa da conduta que esses factos integram, e não a ilação de que um outro facto ocorreu, estamos perante a enunciação legal de situações típicas de insolvência culposa, e não perante presunções inilidíveis de culpa), mas apenas uma presunção de culpa grave dos administradores na insolvência; pelo que subsiste, para que a insolvência possa ser qualificada como culposa, a necessidade de prova de que a situação foi criada ou agravada em consequência desta actuação dolosa ou com culpa grave (e já se presume, então, a existência de culpa grave) desses administradores, nos termos do nº 1 do mesmo artigo. É esta a interpretação possível da norma, e aquela que tem sido quase unanimemente seguida pelos nossos tribunais. Vejam-se, entre outros, os seguintes acórdãos, disponíveis em www.dgsi.pt: Acórdão do Tribunal da Relação de Guimarães, de 11 de Janeiro de 2007, Relator Conceição Bucho; Acórdão do Tribunal da Relação do Porto, de 13 de Setembro de 2007, Relator José Ferraz; Acórdão do Tribunal da Relação de Guimarães, de 20 de Setembro de 2007, Relator António Gonçalves; Acórdão do Tribunal da Relação do Porto, de 7 de Janeiro de 2008, Relator Anabela Luna de Carvalho; Acórdão do Tribunal da Relação de Évora, de 17 de Abril de 2008, Relator Sílvio Sousa; Acórdão do Tribunal da Relação de Guimarães, de 16 de Outubro de 2008, Relator Conceição Bucho; Acórdão do Tribunal da Relação de Coimbra, de 24 de Março de 2009, Relator Gonçalves Ferreira; Acórdão do Tribunal da Relação do Porto, de 15 de Julho de 2009, Relator Henrique Araújo; Acórdão do Tribunal da Relação do Porto, de 20 de Outubro de 2009, Relator Guerra Banha; Acórdão do Tribunal da Relação do Porto, de 26 de Novembro de 2009, Relator Filipe Caroço; Acórdão do Tribunal da Relação de

1 do mesmo artigo. De facto, trata-se de um dano que não é directamentecausado aos credores sociais[85], mas de um dano reflexo, uma vez que ele se "propaga" aos credores da sociedade[86] em cujo património se produz, uma vez que este património é a garantia da satisfação dos seus créditos. Cada um destes mecanismos apresenta as suas vantagens e inconvenientes, mas de um ponto de vista estratégico a acção directa oferece a relevante vantagem de prover à indemnização dos danos causados aos credores sociais, fazendo ingressar directamente no património

Coimbra, de 26 de Janeiro de 2010, Relator Carlos Moreira; Acórdão do Tribunal da Relação de Coimbra, de 4 de Maio de 2010, Relator Carlos Moreira; Acórdão do Tribunal da Relação do Porto, de 24 de Maio de 2010, Relator Maria Adelaide Domingos. Com entendimento aparentemente diferente, cfr. o Acórdão do Tribunal da Relação do Porto, de 17 de Novembro de 2008, Relator Sousa Lameira. Simplesmente, a solução legal é criticável, uma vez que onera os credores com a prova da existência de nexo causal entre a prática deste facto e a criação ou agravamento da situação de insolvência (no caso, apenas faz sentido falar do seu agravamento, uma vez que o próprio dever de apresentação da sociedade à insolvência só existe aqui se a mesma sociedade já se encontrar em situação de insolvência), o que não é totalmente coerente com o disposto no nº 2 do artigo 186º, onde se estabelecem efectivamente presunções inilidíveis de insolvência culposa. Neste sentido, cf. CATARINA SERRA, *O Novo Regime Português da Insolvência. Uma Introdução*, 4ª ed., Almedina, Coimbra, 2010, pág. 95; e *"Decoctor ergo fraudator"? – A insolvência culposa (esclarecimentos sobre um conceito a propósito de umas presunções) – Anotação ao Ac. do TRP de 7.1.2008*, in "Cadernos de Direito Privado", nº 21, Janeiro/Março 2008, 54-71, pp. 60 ss.; mas a Autora conclui que as presunções do nº 3 são presunções ilidíveis de culpa grave na insolvência (e não apenas no facto ilícito praticado), onerando os administradores em causa com a prova de que não foi a sua conduta ilícita e presumivelmente culposa que deu causa à insolvência ou ao respectivo agravamento.

[85] Se existe insolvência da sociedade, o património social não é suficiente para satisfazer integralmente todos os seus credores. Se essa insuficiência patrimonial deriva, no todo ou em parte, da actuação ilícita e culposa dos seus administradores, a acção social de responsabilidade e/ou a acção directa dos credores sociais constituem meios aptos para reintegrar o património social, mesmo no âmbito de um processo de insolvência. Dado que, em ambos os casos, deve entender-se que a legitimidade cabe exclusivamente aos administradores da insolvência (cfr. MARIA DE FÁTIMA RIBEIRO, *A Tutela dos interesses dos Credores da Sociedade por Quotas e a "Desconsideração da Personalidade Jurídica"*, cit., pp. 480 ss.), será reintegrada a massa insolvente pelo valor da indemnização obtida, o que beneficiará os credores da insolvência: os respectivos créditos serão, seguramente, satisfeitos em maior medida. Cf. JESÚS QUIJANO GONZÁLEZ, *Responsabilidad societaria y concursal de administradores: de nuevo sobre la coordinación y el marco de relaciones*, in "Revista de Derecho Concursal e Paraconcursal", 2009, nº 10, 19-48, pág. 32.

[86] A expressão é de GAUDENCIO ESTEBAN VELASCO, *La acción individual de responsabilidad*, in "La Responsabilidad de los Administradores de las Sociedades Mercantiles", 3ª ed., Tirant lo Blanch, Valencia, 2009, 155-239, pág. 210.

dos autores da acção o valor da indemnização; uma vez que partimos do pressuposto de que a sociedade já se encontra em situação de insolvência, a acção social de responsabilidade poderia, com grande probabilidade, deixar por satisfazer os interesses daqueles credores que, agindo em via sub-rogatória, tivessem a iniciativa processual e conseguissem, com isso, que a sociedade fosse ressarcida. Mas os credores apenas poderão tirar partido desta possibilidade se, entretanto, não se tiver iniciado o competente processo de insolvência, uma vez que, na sua pendência, a competência para a instauração da acção prevista no nº 1 do artigo 78º do CSC é do administrador da insolvência, aproveitando o resultado da mesma à massa insolvente[87].

Todavia, a acção regulada no número 1 do artigo 78º pressupõe a alegação e prova dos factos constitutivos da responsabilidade dos administradores, aí previstos, o que apresenta algumas dificuldades. Desde logo, é preciso demonstrar a violação culposa de disposições legais ou contratuais destinadas à protecção dos credores sociais[88]. Mas a maior dificuldade assenta aqui na prova do nexo de causalidade entre este facto e o dano, ou seja, em mostrar que os credores/autores não conseguem obter da sociedade a satisfação dos seus créditos porque a prática destes factos pelos administradores tornou o património social insuficiente para o efeito.

Mais concretamente, quanto à violação da obrigação de apresentação tempestiva da sociedade à insolvência, os credores devem provar que, se a sociedade tivesse sido apresentada à insolvência no momento devido, os seus créditos teriam sido satisfeitos, na totalidade ou em maior medida; e que, devido ao não cumprimento deste dever por parte dos administradores, o património social já não tem condições para os satisfazer, ou apenas pode fazê-lo em soma inferior. A medida do dano será, aqui, a diferença entre estes dois montantes[89-90].

---

[87] Cfr. MARIA DE FÁTIMA RIBEIRO, *A Tutela dos Credores da Sociedade por Quotas e a "Desconsideração da Personalidade Jurídica"*, cit., pp. 480 ss..

[88] Sobre o problema, cfr. MARIA DE FÁTIMA RIBEIRO, *A Tutela dos Credores da Sociedade por Quotas e a "Desconsideração da Personalidade Jurídica"*, cit., pág. 460, notas 140 e 141.

[89] Cfr. GAUDENCIO ESTEBAN VELASCO, *La acción individual de responsabilidad*, cit., pág. 210.

[90] Cfr. MARIA DE FÁTIMA RIBEIRO, *A responsabilidade dos administradores na crise da empresa*, in "I Congresso Direito das Sociedades em Revista", Almedina, Coimbra, 2011, 391-413, pp. 405 ss..

Tal demonstração é, ao que tudo indica, muito difícil. A análise das decisões dos nossos tribunais superiores permite concluir que, nestes casos, os autores não conseguem fazer a prova deste nexo de causalidade[91].

Na realidade, não existe entre nós nenhuma consequência especificamente destinada a prever a responsabilização dos administradores, de direito ou de facto, que não tenham cumprido o dever de apresentação da sociedade à insolvência. Neste caso, nos termos do nº 3 do artigo 186º do CIRE, presume-se a existência de culpa grave na insolvência (no âmbito do incidente de qualificação da insolvência como culposa ou fortuita, regulado nos artigos 185º e seguintes do CIRE). Mas não se prevê expressamente que as pessoas afectadas por essa qualificação corram o risco de ver o seu património responder perante os credores da sociedade insolvente, a exemplo do que acontecia à luz do Código dos Processos Especiais da Recuperação de Empresas e da Falência e do que ainda acontece na generalidade dos ordenamentos jurídicos do espaço europeu[92].

Como resulta do que fica exposto, o domínio do "jus-societário" tem uma dimensão mais ampla do que aquela que resulta apenas das normas que integram o Código das Sociedades Comerciais. Entre outros, o regime da insolvência das pessoas colectivas integra aquele que podemos considerar o âmbito normativo da tutela dos interesses dos credores sociais[93]. De resto, uma ordem jurídica representa um todo, um espaço global que deve apresentar uma coerência interna, e cujo equilíbrio revela alguma fragilidade: uma alteração de regime num dos domínios normativos tem, necessariamente, consequências que o ultrapassam, estendendo os seus efeitos para além daquele que é, estritamente, o âmbito do instituto em causa[94].

---

[91] Cfr. MARIA DE FÁTIMA RIBEIRO, *A responsabilidade de gerentes e administradores pela actuação na proximidade da insolvência de sociedade comercial*, cit., pág. 128.

[92] Para uma análise mais detalhada, cf. MARIA DE FÁTIMA RIBEIRO, *A responsabilidade de gerentes e administradores pela actuação na proximidade da insolvência de sociedade comercial*, cit., pp. 87 ss..

[93] Discussão que, como pudemos estudar, tem ocupado lugar de destaque no seio dos diversos ordenamentos jurídicos do espaço europeu.

[94] Cfr. ULRICH HAAS, *Der GmbH-Gesellschafter in der Unternehmensinsolvenz*, in "Festschrift für Horst Konzen zum Siebzigsten Geburtstag", Mohr Siebeck, Tübingen, 2006, 157-178, pág. 159.

O CAPITAL SOCIAL DAS SOCIEDADES POR QUOTAS E O PROBLEMA DA SUBCAPITALIZAÇÃO ...

Assim, as recentes alterações ao nosso direito da insolvência, com o abandono da consagração expressa da responsabilidade de administradores de direito e de facto pelas dívidas da sociedade insolvente (quando estes tenham adoptado comportamentos que tenham contribuído para a situação de insolvência da sociedade em causa), vieram debilitar todo o regime de tutela dos credores sociais e, consequentemente, reabilitar a função de garantia que pudesse desempenhar o capital social, por duvidosa que fosse a sua eficácia. Uma vez que o nosso regime de insolvência continua a abdicar da função de tutela dos credores sociais contra comportamentos "oportunistas" de todos quantos puderam controlar a sociedade que veio a estar insolvente, o abandono da exigência de um capital social mínimo vem aumentar a probabilidade de ocorrência de comportamentos "oportunistas" em sede de sociedades ditas de capitais[95].

[95] PAUL DAVIES, *Directors' creditor-regarding duties in respect of trading decisions taken in the vicinity of insolvency*, in "European Business Organization Law Review", 2006, 301-337, cit., pp. 309 ss., coloca a seguinte questão: poderá a consagração de regras específicas de responsabilidade dos administradores na fase da aproximação da insolvência substituir as regras relativas ao capital social? Para o Autor, a diferença entre os dois tipos de regras reside no momento em que podem produzir o efeito de tutelar os interesses dos credores sociais: a imposição de um capital social inicial mínimo visa evitar a constituição de sociedades comerciais subcapitalizadas (*ex ante*); as regras de responsabilização dos administradores pela sua actuação quando a sociedade está perto de ficar insolvente procuram limitar os danos causados aos credores sociais pela subcapitalização se ela conduzir à insolvência (*ex post*). Para a análise da ligação entre a função de garantia do capital social e as restantes técnicas legais de protecção dos credores sociais, particularmente no domínio da insolvência, cfr. MASSIMO MIOLA, *Legal capital and limited liability companies: the european perspective*, in "European Company and Financial Law Review", 2005, 413-486, pp. 418 ss., e 460 ss.. Atente-se nas propostas de reforma, para o ordenamento jurídico alemão, da autoria de HORST EIDENMÜLLER, *Die GmbH im Wettbewerb der Rechtsformen*, in "Zeitschrift für Unternehmens- und Gesellschaftsrecht", 2007, 168-211, pp. 193 ss.: o desejável abandono do capital legal mínimo e a sua substituição por testes de solvência devem ser compensados através da previsão de eficazes mecanismos de tutela dos credores sociais na situação de crise da sociedade. Paralelamente, UWE BLAUROCK, *Mindestkapital und Haftung bei der GmbH*, in "Festschrift für Thomas Raiser zum 70. Geburtstag", De Gruyter Recht, Berlin, 2005, 3-22, pp. 17 ss., justifica o sucesso do abandono da exigência de um capital social mínimo na Grã-Bretanha com a existência, nesse ordenamento, de mecanismos eficientes de responsabilização nos casos de existência de *fraudulent trading* ou de *shadow director*. Também ULRICH HÜBNER, *Mindestkapital und alternativer Gläubigerschutz – rechtsvergleichende Anmerkungen zur Entwicklung des GmbH- -Rechts*, in "Festschrift für Claus-Wilhelm Canaris zum 70. Geburtstag. Tomo II", C.H. Beck,

MARIA DE FÁTIMA RIBEIRO

Pelo que urge instar o legislador português a adoptar medidas que tutelem adequadamente os interesses dos credores de sociedade insolvente, a exemplo do que acontece nos restantes ordenamentos jurídicos do espaço europeu nos quais se prescindiu da exigência de um capital social mínimo para a constituição de sociedades por quotas[96].

München, 2007, 129-145, pp. 138 ss., analisa os ordenamentos inglês e francês deste ponto de vista: aí, a ausência de um montante de capital social legal mínimo para determinados tipos societários é, para o Autor, compensada (ao nível da tutela dos credores sociais) pelo regime de responsabilidade dos dirigentes, de direito ou de facto, estabelecido em sede de insolvência das sociedades comerciais. A este propósito, atente-se ainda no contributo da doutrina francesa, nomeadamente de MICHEL JEANTIN/PAUL LE CANNU, *Droit Commercial. Entreprises en Difficulté*, 7ª ed., Dalloz, Paris, 2007, pp. 763 ss., LAURE NURIT-PONTIER, *La détermination statutaire du capital social: enjeux et conséquences*, in "Recueil Dalloz", 2003, 1612--1616, pág. 1613, e ALAIN LIENHARD, *Loi pour l'initiative économique: quoi de neuf pour les sociétés?*, in "Recueil Dalloz", 2003, 1900-1904, pág. 1900. No mesmo sentido, mas no âmbito da análise do ordenamento espanhol, cfr. CARMEN ALONSO LEDESMA, *Algunas reflexiones sobre la función (la utilidad) del capital social como técnica de protección de los acreedores*, in "Estudios de Derecho de Sociedades y Derecho Concursal. Libro Homenage al Profesor Rafael García Villaverde. Tomo I", Marcial Pons, Madrid/Barcelona/Buenos Aires, 2007, 127-157, pp. 153 ss..

[96] Cfr. a análise de HANS CHRISTOPH GRIGOLEIT/MARKUS S. RIEDER, *GmbH-Recht nach dem MoMig*, cit., pp. 2 e 99 ss..

CAPITAL SOCIAL LIVRE?
REFLEXÕES EM TORNO DAS RESPONSABILIDADES
DOS SÓCIOS E DOS GERENTES

MARIA ELISABETE RAMOS[*]

1. Síntese das alterações legislativas introduzidas pelo DL 33/2011, de 7 de Março

Integrado no programa político de redução dos custos de contexto e de encargos administrativos para as empresas, o DL 33/2011, de 7 de Março, adopta medidas de simplificação dos processos de constituição das sociedades por quotas e das sociedades unipessoais por quotas. São duas as medidas tomadas: *a*) o capital social das sociedades por quotas é livremente fixado pelos sócios; *b*) faculdade de os sócios procederem à entrega das suas entradas nos cofres da sociedade até ao final do primeiro exercício económico (art. 1º do DL 33/2011, de 7 de Março).

Para cumprir estes dois objectivos, foram alterados os arts. 26º, 199º, 201º, 202º, 203º, 205º, 219º, 238º do CSC e foram adaptados os regimes especiais de constituição de sociedades por quotas e anónimas ("empresa na hora"[1] e "empresa *online*"[2]). Também no âmbito destes regimes passou

---

[*] Professora Auxiliar da Faculdade de Economia de Coimbra
[1] DL 111/2005, de 8 de Julho (várias vezes alterado).
[2] DL 125/2006, de 29 de Junho (várias vezes alterado).

a ser lícito que os sócios entreguem as entradas em dinheiro até ao final do primeiro exercício económico, a contar do registo definitivo do acto constituinte da sociedade (arts. 7º do DL 111/2005, de 8 de Julho, e 6º do DL 125/2006, de 29 de Junho).

Em rigor, o DL 33/2011, de 7 de Março, *não eliminou o capital social mínimo das sociedades por quotas*. Determina o art. 219º, 3[3], que "os valores nominais das quotas podem ser diversos, mas nenhum pode ser inferior a € 1". Na sociedade por quotas unipessoal, o capital social mínimo é de € 1. Nas sociedades pluripessoais, com dois sócios, o capital social mínimo é de € 2 euros. A partir deste limiar, os sócios são livres de escolher o capital social da sociedade por quotas.

Só o montante do capital social é deixado na disponibilidade dos sócios[4]. Continua a existir o *regime legal* do capital social. O capital social fixado pelos sócios nos estatutos (art. 9º, 1, f)) tem de ser efectivamente realizado e, por conseguinte, os valores correspondentes têm de ingressar no património social. São aplicáveis as normas que asseguram a efectiva realização do capital social e as que acautelam a conservação do capital social.

Continuam em vigor as normas legais que asseguram que são exactas e verdadeiras as declarações e informações prestadas pelos sócios com vista à constituição da sociedade e relativas à realização das entradas.

O DL 33/2011, de 7 de Março, alargou, significativamente, *as margens de liberdade reconhecidas aos sócios fundadores – fixação livre* do capital social e possibilidade de dilação das entradas até ao fim do primeiro exercício económico a contar da data do registo definitivo do contrato de sociedade. Mais liberdade estatutária implicará mais responsabilidade dos sócios? De que instrumentos está a ordem jurídica dotada para combater os eventuais abusos?

Foram mantidas *inalteradas* as normas (substantivas e processuais) reguladoras da responsabilidade civil dos gerentes. Decisões sobre o montante, o valor da entrada de cada sócio, o tempo de realização do capital social competem aos *sócios* (arts. 201º, 219º, 3, 199º). Aos geren-

---

[3] São do CSC as normas legais referidas sem qualquer menção.

[4] HORST EIDENMÜLLER/BARBARA GRUNEWALD/ULRICH NOACK, "Minimum capital in the system of legal capital", in *Legal capital in Europe* (Marcus Lutter, ed.), ECFR, special volume 1, De Gruyter Recht, 2006, p. 39, escrevem que "the system of legal capital can exist without minimum capital".

CAPITAL SOCIAL LIVRE? REFLEXÕES EM TORNO DAS RESPONSABILIDADES DOS SÓCIOS ....

tes compete, por um lado, cobrar o valor das entradas cuja realização tenha sido diferida para momento posterior à data da constituição da sociedade (art. 203º, 3, 509º) e, por outro, respeitar as normas sobre a *conservação do capital social* (arts. 31º-34º). Em geral, estas normas visam evitar que, em virtude de atribuições de bens sociais aos sócios, o património social fique depauperado. Mas não evitam o empobrecimento do património social causado pelas perdas sociais.

2. Declarações relativas à realização de entradas e responsabilidade civil de sócio(s) fundador(es)

2.1. Responsabilidade perante a sociedade por declarações inexactas e deficientes relativas à realização das entradas

Na sequência do DL 33/2011, o art. 202º, 4, passou a determinar que "os sócios devem declarar no acto constitutivo, sob sua responsabilidade, que já procederam à entrega do valor das suas entradas ou que se comprometem a entregar, até ao final do primeiro exercício económico, as respectivas entradas nos cofres da sociedade". Pelo seu lado, o art. 202º, 6, prescreve que os sócios que tenham adiado a realização das entradas até ao final do exercício económico "devem declarar, sob sua responsabilidade, na primeira assembleia geral anual da sociedade posterior ao fim de tal prazo, que já procederam à entrega do respectivo valor nos cofres da sociedade".

Em sucessivas reformas legislativas, os documentos comprovativos da realização das entradas foram sendo substituídos por declarações dos sócios. Se assim é desburocratizado o processo de constituição de sociedade, por outro lado, subsiste o risco de os *sócios fundadores* – "as pessoas que participam no acto de constituição da sociedade na qualidade de sócios"[5] – emitirem declarações *inexactas ou deficientes* relativas à realização das entradas.

O art. 71º, 1 prevê a *responsabilidade civil* "pela inexactidão e deficiência das indicações e declarações prestadas com vista à constituição" da sociedade. Certamente que a responsabilidade civil dos fundadores pela

---

[5] COUTINHO DE ABREU/MARIA ELISABETE RAMOS, "Artigo 71º", em *Código das Sociedades Comerciais em Comentário*, vol. I (coord. de J. M. Coutinho de Abreu), Almedina, Coimbra, 2010, p. 829.

MARIA ELISABETE RAMOS

constituição da sociedade não se basta com a *ilicitude* – é necessária a verificação dos restantes pressupostos da responsabilidade civil[6]. Destaco a *ilicitude*, tendo em conta as particularidades que esta apresenta.

As "indicações e declarações" referidas no art. 71º, 1, parecem dizer respeito a informações prestadas com vista à constituição da sociedade. De várias normas do sistema jurídico (v.g. arts. 9º, 10º, 11º, 1, 15º, 16º, 19º, 202º, 4, 6, 277º, 4) é possível extrair *deveres legais de exactidão e completude* das informações prestadas pelos sócios fundadores com vista à constituição da sociedade.

Informações inexactas são as que apresentam um conteúdo contrário à realidade fáctica; *informações deficientes* são as que se mostram incompletas, as que apresentam omissões relevantes[7].

Os sócios fundadores podem ser civilmente responsáveis quando, por exemplo, declaram, no acto constitutivo que procederam à entrega das suas entradas (art. 202º, 4) mas tal não ocorreu.

Parece que os *sócios fundadores* também podem ser *civilmente responsabilizados* quando declarem, na primeira assembleia geral anual, posterior ao fim do primeiro exercício económico, que já procederam à entrega do valor das entradas (art. 202º, 6, do CSC), mas, de facto, tal entrega não ocorreu.

A sociedade por quotas (unipessoal) constituída com o capital social de € 1 não dispõe sequer de recursos para suportar os custos do processo de constituição. Serão, certamente, os sócios que irão adiantar estes montantes e, mais tarde, recuperá-los-ão da sociedade.

A transparência da situação patrimonial da sociedade justifica que, de modo exacto e completo, seja exarado no contrato de sociedade o montante global por ela devido a sócios ou terceiros a título de indemnização[8] ou retribuição conexionadas com a constituição da sociedade (art. 16º, 1).

---

[6] Para os restantes pressupostos, v. COUTINHO DE ABREU/MARIA ELISABETE RAMOS, "Artigo 71º", cit., p. 830.

[7] COUTINHO DE ABREU/MARIA ELISABETE RAMOS, "Artigo 71º", cit., p. 831.

[8] O art. 16º, 1, refere "indemnizações", mas é duvidoso que esta expressão esteja a ser usada no seu sentido técnico. Parece, antes, que indemnização é aqui usada no sentido de reembolso por parte da sociedade de despesas que o sócio ou terceiros tenham suportado em razão da constituição da sociedade. Para este resultado hermenêutico, v. MARIA ELISABETE RAMOS, "Artigo 16º", em *Código das Sociedades Comerciais em Comentário*, vol. I (coord. de J. M. Coutinho de Abreu), Almedina, Coimbra, 2010, p. 283.

CAPITAL SOCIAL LIVRE? REFLEXÕES EM TORNO DAS RESPONSABILIDADES DOS SÓCIOS ....

Mas também aqui se exige que as declarações relativas a vantagens especiais, indemnizações ou retribuições sejam exactas e completas. Constituir-se-á responsabilidade civil perante a sociedade se os sócios fundadores manipulam (aumentando-os ilicitamente) os valores das indemnizações ou retribuições devidas pela constituição da sociedade.

Sócios e terceiros *afectados pela ineficácia* (art. 16º, 1) não podem reclamar da sociedade as prestações respectivas. Mas podem exigir indemnização aos fundadores. Só que esta responsabilidade, já se vê, não resulta do art. 71º, 1 (responsabilidade dos fundadores para com a sociedade), mas sim do art. 16º, 2 (2ª parte) do CSC, conjugado com o art. 483º, do CCiv..

2.2. Responsabilidade pelos danos causados com a realização das entradas e despesas de constituição

O art. 71º, 3, sanciona os fundadores pelos "danos causados à *sociedade* com a realização das entradas, as aquisições de bens efectuadas antes do registo do contrato de sociedade ou nos termos do artigo 29º e as despesas de constituição"[9].

Para efeitos do art. 71º, 3, a ilicitude consiste no *desrespeito das normas legais* que, em matéria de realização das entradas, aquisições de bens e despesas de constituição, pretendem garantir a efectiva realização do capital social[10]. A circunstância de a tutela legal da intangibilidade do capital social garantir os terceiros credores não elimina o interesse da sociedade em ter meios para a prossecução da sua actividade[11]. Este interesse é lesado se, por manobras ilícitas e dolosas (ou gravemente negligentes) ocorridas no processo de constituição da sociedade, os fundadores dissipam bens sociais que, caso fosse respeitada a lei, estariam à disposição da sociedade.

Comecemos pelos *danos causados com a realização das entradas*. Podem resultar, designadamente, de dolosa ou culposa (culpa grave) sobreavaliação das entradas em espécie. Imagine-se que com dolo ou culpa grave os fundadores: *a*) não diligenciaram no sentido de ser feita a avaliação por um revisor oficial de conta (art. 28º) e inflacionaram o valor patrimonial

---

[9] Itálico meu.

[10] COUTINHO DE ABREU/MARIA ELISABETE RAMOS, "Artigo 71º", cit., p. 832.

[11] Sobre a designada função de financiamento do capital social real, v. PAULO DE TARSO DOMINGUES, "Capital e património sociais, lucros e reservas, em *Estudos de direito das sociedades* (coord. de Coutinho de Abreu), 10ª ed., Almedina, Coimbra, 2010, p. 197.

do bem; *b*) não consideraram a informação do revisor oficial de contas sobre alterações relevantes de valores que tornaram a entrada sobreavaliada (art. 28º, 4).

Consideremos os danos causados à sociedade pelos fundadores em *virtude de despesas de constituição*. Não é ilícito que os fundadores recuperem da sociedade as despesas que tenham suportado com vista à constituição daquela; nem é ilícito que a sociedade remunere justamente os serviços que os fundadores tenham efectivamente prestado durante o processo de constituição (art. 16º, 1). O que se afigura *ilícito* é que a sociedade pague a fundadores montantes excedendo o valor das despesas por eles efectivamente custeadas, pague serviços fictícios ou desnecessários.

2.3. Natureza obrigacional da responsabilidade e presunção de culpa
A responsabilidade dos fundadores perante a sociedade, prevista no art. 71º, assenta em *violação de disposições legais que consagram deveres dos fundadores perante a sociedade*. E embora elas possam garantir também interesses de outros sujeitos (sócios e credores), parece não haver razões que afastem a *natureza obrigacional* da responsabilidade dos fundadores perante a sociedade.

Da natureza obrigacional da responsabilidade resulta que se *presume a culpa dos fundadores* (art. 799º, 1, CCiv.). Esta presunção de culpa beneficia a sociedade, porque, invertendo o ónus da prova da culpa (art. 350º, 1, CCiv.), dispensa-a de provar este requisito da responsabilidade civil.

No âmbito do art. 71º, 1, os fundadores são responsáveis perante a sociedade a título de dolo ou de negligência; já para efeitos do art. 71º, 3, a responsabilidade constitui-se quando aos fundadores for imputado dolo ou culpa grave.

2.4. Responsabilidade dos fundadores perante terceiros
Os fundadores, na medida em que conduzem o processo de constituição da sociedade, também podem ser responsáveis perante terceiros[12]. Esta responsabilidade já não resulta do art. 71º, que prevê a responsabilidade

---

[12] Segue-se de perto COUTINHO DE ABREU/MARIA ELISABETE RAMOS, "Artigo 71º", cit., p. 834.

somente para com a sociedade, mas sim do regime geral do CCiv. relativo à responsabilidade por factos ilícitos (arts. 483º, s., 485º, 2, do CCiv.)[13].

Pode, por exemplo, um terceiro ter concedido crédito à sociedade porque confiou nas informações – inexactas ou insuficientes – respeitantes à constituição da sociedade, vertidas no acto constituinte (arts. 9º, 16º, 176º, 199º, 272º).

O terceiro afectado sofre, em regra, *dano patrimonial puro*[14]. Tendo em conta a restritiva tutela delitual dos danos patrimoniais puros[15], haverá que explorar *normas de protecção* que fundem a *responsabilidade directa dos fundadores perante terceiros*. O que vale por dizer que devemos investigar normas legais que, embora não confiram direitos subjectivos aos terceiros, visam a tutela (só ou também) dos interesses destes[16]. São, designadamente, normas de protecção de terceiros-credores sociais a que previne a sobreavaliação de entradas em espécie, fazendo intervir revisor oficial de contas independente (art. 28º); a que pune criminalmente informações falsas sobre "matéria da vida da sociedade" (art. 519º).

É de *natureza delitual* a responsabilidade dos fundadores perante terceiros (art. 483º, 1, 2ª parte, do CCiv.). Aos terceiros caberá provar o dolo ou a mera culpa dos fundadores; não beneficiam de presunção de culpa (art. 487º, 1, do CCiv.).

2.5. Efectivação da responsabilidade dos fundadores

Interessa saber como é accionada a responsabilidade civil dos *fundadores* perante a sociedade[17].

---

[13] No sentido de que não existe verdadeiramente um problema específico de responsabilidade por informações e que "a resolução dos problemas de responsabilidade por informações [tem de ser procurado] fora do art. 485", v. JORGE SINDE MONTEIRO, *Responsabilidade por conselhos, recomendações ou informações*, Almedina, Coimbra, 1989, p. 453, 457, s. (interpolação minha).

[14] Para a caracterização de dano patrimonial puro, v. JORGE SINDE MONTEIRO, *Responsabilidade por conselhos...* cit., p. 187, ADELAIDE LEITÃO, *Normas de protecção e danos puramente patrimoniais*, Almedina, Coimbra, 2009, p. 295, s..

[15] Sobre o "estado da arte" na doutrina portuguesa em matéria de danos patrimoniais puros, v. ADELAIDE LEITÃO, *Normas de protecção...*cit., p. 259, s..

[16] J. M. COUTINHO DE ABREU, *Responsabilidade civil dos administradores de sociedades*, 2ª ed., Almedina, Coimbra, 2010, p. 72, s..

[17] Segue-se de perto COUTINHO DE ABREU/MARIA ELISABETE RAMOS, "Artigo 71º", cit., p. 836.

MARIA ELISABETE RAMOS

Do art. 246º, 1, g), aplicável às sociedades por quotas, em nome colectivo (189º, 1) e em comandita simples (474º, 189º, 1), resulta que a proposição de acções pela sociedade contra *sócios* está dependente de deliberação social. E, se bem se reparar, o art. 75º, 1, refere a "acção de responsabilidade proposta pela sociedade". Ora, parece razoável aplicar o disposto nos nºs 1 e 3 do art. 75º: a acção de responsabilidade intentada pela sociedade contra os fundadores depende de deliberação social, tomada por simples maioria; deve ser intentada no prazo de seis meses; podem ser designados representantes especiais; estão impedidos de votar os sócios fundadores cuja responsabilidade estiver em causa

3. Dilação das entradas e responsabilidade solidária dos sócios
O DL 33/2011, de 7 de Março, cria condições de intensificação do risco de responsabilização solidária dos quotistas[18]. Por um lado, foram eliminados os anteriores limites ao diferimento das entradas em dinheiro (art. 202º) e, por outro, foi acrescentada a faculdade de as entradas serem realizadas até ao final do primeiro exercício económico (art. 202º, 4).

Característico das sociedades por quotas (pluripessoais) é o facto de os sócios responderem não só pela sua entrada, mas também solidariamente "por todas as entradas convencionadas no contrato social" (art. 197º, 1)[19].

Não é completamente ajustado dizer-se que o sócio responde pela realização do "capital social"[20]. Assim é nos casos em que há equivalência entre o valor da entrada e o valor nominal da quota. Nas situações em que o valor da entrada seja *superior* ao valor nominal da quota (art. 25º, 1),

---

[19] Segue-se de perto MARIA ELISABETE RAMOS, "Artigo 197º", em *Código das Sociedades Comerciais em comentário* (coord. de Coutinho de Abreu), vol. III, Almedina, Coimbra, 2011, p. 164, s..
[20] Esta solução remonta ao § 24 da GmbHG e foi retomada pelos arts. 15º e 16º da Lei de 1901. Sobre estes antecedentes normativos, v. MENEZES CORDEIRO, *Manual de direito das sociedades*. II – *das sociedades em especial*, 2ª ed., Almedina, Coimbra, 2007, p. 280, s.. Sócios de outros tipos societários não estão sujeitos à responsabilidade solidária pelas entradas convencionadas no contrato de sociedade (arts. 175º, 1, 271º, 474º, 478º).
[21] No sentido de que a responsabilidade dos sócios é pela integração do capital social, v. LOBO XAVIER, "Sociedades por quotas; exclusão de sócios; deliberações sobre matéria estranha à ordem do dia; responsabilidade do sócio por perdas sociais", RLJ, 119 (1986-1987), p. 281, nt. 28, BRITO CORREIA, *Direito comercial*, 2º vol. – *Sociedades comerciais*, AAFDL, Lisboa, 1989, p. 97, OLIVEIRA ASCENSÃO, *Direito comercial*, vol. IV – *Sociedades comerciais*, Lisboa, 2000, p. 46. MENEZES CORDEIRO, *Manual...* cit., p. 279, considera que a responsabilidade dos restantes sócios é "pela realização do capital diferido".

os sócios são solidariamente responsáveis por todas as entradas convencionadas. Por conseguinte, a responsabilidade solidária abrange todas as entradas convencionadas, ainda que parte desse valor não seja computado no capital social[21]. Por força do art. 197º, 1, subsiste o risco de sócio que já cumpriu integralmente a sua entrada ser chamado pela sociedade a pagar dívida(s) de entrada(s) alheia(s).

A efectivação da responsabilidade solidária dos sócios está dependente da exclusão do sócio remisso ou da deliberação de perda a favor da sociedade de parte da quota do sócio inadimplente correspondente à prestação não efectuada (art. 207º)[22]. Aspectos que levam a doutrina[23] a questionar o alcance prático desta solução. Como bem se vê, a deliberação de exclusão (total ou parcial) do sócio remisso implica que os restantes sócios se tornem solidariamente responsáveis pelo(s) montante(s) em dívida.

O art. 207º, 1, concretiza que são sujeitos passivos da responsabilidade solidária os "outros sócios"[24].

Accionada a responsabilidade solidária, o sócio demandado responde pela prestação integral da dívida de entrada reclamada e a satisfação da dívida a todos libera (art. 512º, 1, do CCiv.). Ao sócio (devedor solidário da entrada em dívida) "não é lícito opor o benefício da divisão" (art. 518º do CCiv.). Nas relações internas cada sócio responde proporcionalmente à sua quota (art. 207º, 1).

Esta responsabilidade solidária de fonte legal não contradiz o carácter limitado da responsabilidade dos quotistas. A responsabilidade patrimonial limitada do sócio (seja ele quotista ou accionista) significa a circunscrição das obrigações por que responde e do valor por que responde. Para lá destes confins, não há agressão do património do sócio[25].

---

[21] PAULO DE TARSO DOMINGUES, "Artigo 25º" em *Código das Sociedades Comerciais em comentário* (coord. de Coutinho de Abreu), vol. I (Artigos 1º a 84º), Almedina, Coimbra, 2010, p. 425, s..

[22] RAÚL VENTURA, *Sociedades por quotas*, vol. I, 2ª ed., Almedina, Coimbra, 1989, p. 188.

[23] RAÚL VENTURA, *Sociedades por quotas...* cit., p. 189, com a concordância de MENEZES CORDEIRO, *Manual...cit.*, p. 280.

[24] Sobre o sentido deste segmento normativo, v. RAÚL VENTURA, *Sociedades por quotas...* cit., p. 281.

[25] Obviamente estou a considerar que os estatutos não obrigam sócio(s) a outras prestações (art. 198º, 2).

4. Capital social livre e responsabilidade civil dos gerentes

4.1. Diversas categorias de credores sociais e incumprimento da sociedade

Em geral, não dependem dos gerentes as decisões sobre a constituição do capital social (dinheiro ou entradas em espécie) nem sobre os momentos da realização do capital social. Essas decisões cabem aos sócios e devem ficar exaradas no acto constituinte da sociedade (arts. 9º e 199º).

O "capital social constitui a primeira – embora não necessariamente a principal – forma de financiamento da sociedade"[26]. É certo que não sendo a sociedade financiada (ou suficientemente financiada) pelas entradas dos sócios, o financiamento terá de ser procurado em outras prestações dos sócios ou em outras fontes externas. Diga-se, em abono da verdade, que os 5000 euros de capital social mínimo não tornavam dispensáveis as garantias dos sócios às obrigações da sociedade.

Na sociedade por quotas, pelas obrigações sociais responde o património da sociedade (art. 197º). Tipicamente, nem os gerentes, nem os sócios são garantes das obrigações da sociedade (art. 197º, 3). No limite, a insuficiência do património social é um risco que corre por conta dos credores sociais.

Na *praxis* societária, a realidade é mais complexa[27]. Por um lado, os "credores fortes"[28] podem exigir garantias especiais (fianças, hipotecas, seguros de crédito) para os seus créditos. Esta é a situação socialmente típica das sociedades por quotas em que o financiamento da sociedade está dependente de garantias prestadas pelos sócios que, deste modo, arriscam o seu património pessoal no giro societário. O que, bem vistas as coisas, significa uma certa erosão da responsabilidade limitada.

---

[26] PAULO DE TARSO DOMINGUES, "Capital...", cit., p. 197, nt. 74.

[27] Sobre as fragilidades dos "convenants" enquanto mecanismo contratual destinado a produzir efeitos semelhantes aos do capital social, v. PAULO DE TARSO DOMINGUES, *Variações sobre o capital social*, Almedina, Coimbra, 2009, p. 567, ss. Sobre o controlo da sociedade por intermédio dos contratos de financiamento, v. ANA PERESTRELO DE OLIVEIRA, "Os credores e o governo societário: deveres de lealdade para os credores controladores?", *RDS*, 1 (2009), p. 98, ss.. Sobre as alternativas ao capital social, v. RÜDIGER VEIL, "Capital maintenance – the regime of the capital directive versus alternative systems", in: *Legal capital in Europe* (Marcus Lutter, ed.), ECFR, special volume 1, De Gruyter Recht, 2006, p. 75, s..

[28] V. PAULO DE TARSO DOMINGUES, *Variações...*cit., p. 568.

A circunstância de a sociedade estar em *default* (como agora se tende a dizer) ou seja, em incumprimento, não é preocupante para os "credores fortes". Estes, confrontados com o incumprimento societário, activarão as garantias especiais e, por esta via, obterão a satisfação dos créditos.

Mais frágil é a situação dos credores fracos[29] e "involuntários", de que destaco os credores cujo crédito nasceu de factos ilícitos imputados à sociedade. Para estas pessoas, o incumprimento da sociedade é mais preocupante, porquanto ou não dispõem de garantias especiais elas não são suficientes para o pagamento dos créditos vencidos.

Acresce que a responsabilidade civil directa dos gerentes perante os credores sociais, prevista no art. 78º, 1, não pode ser transformada em sucedâneo da responsabilidade patrimonial da sociedades pelas obrigações sociais, ou como uma forma oblíqua de obter efeitos análogos ao cumprimento da sociedade. Vejamos porquê.

4.2. Normas sobre a função de garantia do capital social e a responsabilidade civil dos gerentes perante credores sociais

Os gerentes, enquanto titulares do órgão competente para gerir e representar a sociedade, tomam decisões sobre a *afectação do património social*.

As normas sobre a chamada função de garantia do capital social[30] *proíbem determinadas afectações do património social*. Certamente que estas normas, como é repetidamente assinalado, promovem uma protecção selectiva dos credores – só proíbem determinadas atribuições patrimoniais e não são garante de que a sociedade manterá bens suficientes para satisfazer as suas obrigações.

O art. 78º, 1, consagra uma hipótese típica de *responsabilidade extra-contratual baseada na violação de normas de protecção dos credores sociais*. A *ilicitude*, para este efeitos, compreende a violação, não de todo e qualquer

---

[29] PAULO DE TARSO DOMINGUES, *Variações...*cit., p. 568, nt. 2366, integra os trabalhadores na lista dos "credores fracos". No direito português, os créditos dos trabalhadores estão acautelados por garantias legais – art. 333º do CT. Embora a responsabilidade do gerente esteja prevista no art. 335º do CT, integrado na Secção relativa às "Garantias de créditos do trabalhador", de tal inserção sistemática não pode ser retirado que os gerentes sejam garantes dos créditos do trabalhador. Sobre este aspecto, v. J. M. COUTINHO DE ABREU/ELISABETE RAMOS, "Responsabilidade civil de administradores e de sócios controladores", *Miscelâneas*, nº 3, IDET/Almedina, Coimbra, 2004, p. 7, ss.

[30] Sobre esta v. PAULO DE TARSO DOMINGUES, *Variações...* cit., p. 65, ss.

dever impendendo sobre os administradores, mas tão-só dos *deveres pres-critos em disposições legais ou contratuais de protecção dos credores sociais*[31]. Pois bem, entre as normas destinadas à protecção dos credores sociais estão as que garantem a conservação do capital social (v.g. arts. 31º-34º, 514º, 236º, 346º, 513º, 220º, 2, 317º, 4): proibição em princípio de distribui-ção de bens sociais aos sócios sem prévia deliberação destes, proibição de distribuição de bens sociais quando o património líquido da sociedade seja ou se tornasse (em consequência da distribuição) inferior à soma do capital e das reservas legais e estatutárias; interdição da distribuição de lucros de exercício em certas circunstâncias e de reservas ocultas; ilici-tude de amortização de quotas sem a ressalva do capital social; ilicitude da aquisição de quotas e de acções próprias sem ressalva do capital social. É também o caso das normas relativas à constituição e utilização da reserva legal (arts. 218º, 295º, 296º).

O que se pode questionar é se a norma do art. 64º, 1, *b*), é uma norma protectora dos sujeitos nela mencionados e, por conseguinte, dos cre-dores sociais. É certo que aos credores sociais interessa que os geren-tes respeitem os deveres de lealdade[32] e, dessa maneira, se abstenham de adoptar os comportamentos e de realizar as afectações patrimoniais proibidas por tal dever. Como lembra Marcus Lutter, "A company which is economically sound as well as professionally and reliably managed is the best protection for creditors"[33].

A lealdade dos gerentes é devida à sociedade[34]. É um dever para com a sociedade ("no interesse da sociedade", como refere o art. 64º, 1, *b*)); não

---

[31] Segue-se J. M. COUTINHO DE ABREU/MARIA ELISABETE RAMOS, "Artigo 78º" em *Código das Sociedades Comerciais em Comentário*, vol. I (coord. de J. M. Coutinho de Abreu), Almedina, Coimbra, 2010, p. 894, s.; MARIA ELISABETE RAMOS, *O seguro de responsabilidade civil dos administra-dores – entre a exposição ao risco e a delimitação da cobertura*, Almedina, Coimbra, 2010, p. 126, s..

[32] Sobre os deveres de lealdade, v. J. M. COUTINHO DE ABREU, "Deveres de cuidado e de leal-dade dos administradores e interesse social", em Reformas do Código das Sociedades, IDET/ /Almedina, 2007, p. 17, ss.; MARIA ELISABETE RAMOS, *O seguro...*, cit., p. 114, ss., RICARDO COSTA/ /GABRIELA FIGUEIREDO DIAS, "Artigo 64º", em *Código das Sociedades Comerciais em Comentário*, vol. I (coord. de J. M. Coutinho de Abreu), Almedina, Coimbra, 2010, p. 742, s..

[33] MARCUS LUTTER "Legal capital of public companies in Europe", cit., p. 12.

[34] V. MARIA ELISABETE RAMOS, *O seguro...*, cit., p. 116. Divergentemente, v. M. CARNEIRO DA FRADA, *"Business judgment rule no quadro dos deveres gerais dos administradores"*, em *A reforma do Código das Sociedades Comerciais. Jornadas em Homenagem ao Professor Doutor Raúl Ventura*, Almedina, Coimbra, 2007, p. 73.

imediatamente para com os sócios de longo prazo, trabalhadores, clientes, credores[35]. A norma do art. 64º, 1, *b*), não é uma norma de protecção dos terceiros nela mencionados[36]. Não é uma norma que vise tutelar os credores da sociedade.

Para a responsabilidade civil dos gerentes para com os credores sociais não basta a violação das normas destinadas à protecção destes últimos; é necessário que tal inobservância cause (*nexo de causalidade*) uma diminuição do património social (dano directo da sociedade) que o torna insuficiente para a satisfação dos respectivos créditos.

Além disso não basta qualquer *dano*. É necessário que ele consista na diminuição do património social de tal monta que ele fica sem forças para cabal satisfação dos direitos dos credores. Assim, o requisito legal da insuficiência traduz-se em o *passivo ser superior ao activo*. O que não coincide necessariamente com a insolvência. De todo o modo, é natural que a responsabilidade dos administradores seja feita valer muitas vezes em processo de insolvência[37].

Porque o dano dos credores sociais resulta do dano da sociedade, eles não podem exigir dos administradores indemnização de valor superior ao dano provocado por estes no património da sociedade.

Por fim, a *culpa*. Para os efeitos do art. 78º, 1, relevam as duas modalidades da culpa: dolo e negligência. A bitola da culpa é a "diligência de um gestor criterioso e ordenado". A culpa não é presumida. Aos credores cabe o ónus de provar a culpa do gerente. Assim resulta, quer do facto de o art. 78º, 5, não remeter para o art. 72º, 1, quer do art. 487º do CCiv..

Esta responsabilidade dos gerentes perante os credores sociais tenderá a ser efectivada não pelos próprios credores sociais, mas sim pelo administrador da insolvência (art. 82º, 2, CIRE), tendo em conta que não raras vezes a impossibilidade de cumprir é devida à insuficiência patrimonial da sociedade.

---

[35] Cfr. J. M. COUTINHO DE ABREU, "Deveres de cuidado e de lealdade...", cit., p. 45; MARIA ELISABETE RAMOS, *O seguro...*, cit., p. 116. Com opinião divergente, v. M. CARNEIRO DA FRADA, "*Business judgment rule...*", cit., p. 73.

[36] Neste sentido, v. J. M. COUTINHO DE ABREU, "Deveres de cuidado...", cit., p. 45; MARIA ELISABETE RAMOS, *O seguro...* cit., p. 118.

[37] Cfr. J. M. COUTINHO DE ABREU/MARIA ELISABETE RAMOS, "Artigo 78", cit., p. 896. V. tb. MARIA ELISABETE RAMOS, "Insolvência da sociedade e efectivação da responsabilidade dos administradores", *BFD*, 83 (2007), p. 449, s..

5. Protecção dos gerentes contra os prejuízos resultantes da violação de normas legais sobre o capital social

5.1. Não aplicação da *business judgment rule*
Se atendermos ao teor literal do art. 78º, 5, verificamos que esta norma remete para o art. 72º, 2[38], declarando aplicável a designada *business judgment rule* à responsabilidade perante os credores sociais.

Será muito escasso o efeito útil desta remissão. Na verdade, no universo da responsabilidade civil para com os credores sociais está sempre ou quase sempre em causa a *violação de deveres legais específicos*. Por isso, esta remissão deve ser interpretada restritivamente. Aplicar-se-á nos casos em que os credores se sub-rogam à sociedade (art. 78º, 2) – mas tal aplicabilidade não necessitava da referida remissão – e naqueles casos (se existirem) em que reconheça haver algum espaço de discricionaridade para as decisões dos gerentes.

As normas reguladoras da conservação do capital social e, mais especificamente, as que consagram o princípio da intangibilidade do capital social, apresentam deveres legais específicos dirigidos aos administradores. E, por conseguinte, não se aplica o art. 72º, 2, quando, por exemplo, os gerentes distribuem bens sociais sem prévia deliberação destes (art. 31º, 1); ou houve deliberação de distribuição de bens sociais aos sócios, mas a deliberação não deve ser cumprida porque alterações entretanto ocorridas tornariam a deliberação ilícita, nos termos do art. 32º.

5.2. A alternativa do D&O Insurance
Aos signos *D&O Insurance* ou *Directors' and Officers' Liability Insurance* a literatura europeia não anglo-saxónica faz corresponder a designação *seguro de responsabilidade civil dos administradores*[39].

Trata-se de um seguro que, tipicamente, apresenta várias coberturas, de que se destacam, por um lado, a garantia do risco de indemnizações legalmente devidas pelo administrador, em razão de actos ilícitos e cul-

---

[38] V. J. M. COUTINHO DE ABREU/MARIA ELISABETE RAMOS, "Artigo 78º", cit., p. 897, s..

[39] V. ELENA PÉREZ CARRILLO/MARIA ELISABETE RAMOS, "Responsabilidade civil e seguro dos administradores (reflexões em torno das experiências portuguesa e espanhola)", *BFD*, 82 (2006), p. 291, ss.; MARIA ELISABETE RAMOS, *O seguro....*, cit., p. 303, ss.; J. M. COUTINHO DE ABREU/MARIA ELISABETE RAMOS, "Artigo 72º", em *Código das Sociedades Comerciais em Comentário*, vol. I (coord. de J. M. Coutinho de Abreu), Almedina, Coimbra, 2010, p. 850, s..

CAPITAL SOCIAL LIVRE? REFLEXÕES EM TORNO DAS RESPONSABILIDADES DOS SÓCIOS ....

posos praticados na actividade de gestão e, por outro, a cobertura dos custos dos litígios. O *D&O insurance* apresenta uma estabilizada *tipicidade social* que abrange não só as coberturas, como também as definições e exclusões[40]. Tudo isto é o resultado de uma padronizada *praxis negocial*, em parte pressionada pela indústria resseguradora.

Normalmente, o *D&O Insurance* é contratado pela sociedade. Legalmente não existem impedimentos a que os administradores contratem eles próprios o seguro. O que acontece é que são os próprios seguradores que impõem esta forma de contratação e que, em regra, não consentem na contratação individual por cada um dos administradores[41].

Na *praxis* internacional, este seguro integra tipicamente as coberturas *Side A* e *Side B*. A *Side A* cobre directamente os *directors and officers* das despesas em que incorrem com o litígio, de indemnizações em que sejam condenados ou de transacções que convencionam celebrar. Já a *Side B* garante os desembolsos feitos pela sociedade ao cobrir aqueles custos dos seus *directors e officers*[42]. Em Portugal, esta dualização de coberturas é replicada em algumas condições gerais do seguro de responsabilidade civil dos administradores sob as designações "Garantia A" e "Garantia B". A "Garantia A" cobre directamente os administradores pelos riscos de responsabilidade civil e a "Garantia B", ou "Cobertura B", garante o designado "Reembolso da Companhia".

Particularmente importante é a cobertura das *despesas de litígio*, porque esta cobertura protege o administrador contra tais custos (que podem ser significativos), ainda que ele não seja responsável[43]. São várias as despesas elegíveis como custos de defesa: honorários, custos e despesas contraídos pelo administrador, custos de investigação com a preparação da defesa e com a comparência a inquérito, custas judiciais, honorários de advogados e solicitadores. De modo a impedir que o capital seguro seja consumido nos custos de defesa jurídica, algumas condições gerais estipulam limites

---

[40] PAIS DE VASCONCELOS, *D&O Insurance: o seguro de responsabilidade civil dos administradores e outros dirigentes da sociedade anónima*, Almedina, Coimbra, 2007, p. 35, MARIA ELISABETE RAMOS, *O seguro...* cit., p. 483.

[41] MARIA ELISABETE RAMOS, *O seguro...* cit., p. 311, s..

[42] PAIS DE VASCONCELOS, *D&O Insurance..* cit., p. 16, MARIA ELISABETE RAMOS, *O seguro...* cit., p. 265, ss..

[43] PAIS DE VASCONCELOS, *D&O Insurance..* cit., p. 15, afirma que esta é actualmente a principal cobertura.

específicos para a cobertura daqueles custos. É também fundamental que sejam fixados os momentos em que o segurador deve abonar os gastos de defesa. Não raras vezes, as apólices estipulam, mediante a autorização do segurador, o abono antecipado dos montantes necessários[44].

Normalmente, a sociedade paga o prémio correspondente à apólice de *D&O Insurance*. O que significa, quanto à "Garantia A", que a sociedade assume a qualidade de *tomadora do seguro* e os administradores são os *segurados*. Por isso, se diz que o seguro é tendencialmente um *seguro por conta de outrem* – contratado *em nome próprio*, mas no *interesse dos titulares do órgão de administração* (art. 48º do RJCS)[45].

O seguro de responsabilidade civil – e, por conseguinte, o seguro de responsabilidade civil dos administradores – *não é intrinsecamente um seguro de grandes riscos* (arts. 2º, 3, 4 e 5, da LAS). No entanto, a circunstância de ele ser, em particular, estipulado por sociedades abertas cotadas, integradas em grupos empresariais, tende a contribuir para que a *sociedade-tomadora* exceda dois dos valores previstos na lei. É pela via dos índices quantitativos atingidos pela sociedade-tomadora que o seguro de responsabilidade civil dos administradores poderá, em alguns casos, ser integrado na categoria dos grandes riscos. Nos restantes casos, integrar-se-á nos *riscos de massa*[46]. A característica de grandes riscos é normativamente consequente porque, entre outros aspectos, alarga o âmbito da liberdade de conformação do conteúdo do contrato de seguro[47].

O seguro de responsabilidade civil dos administradores é *voluntário*, tanto para a sociedade como para os administradores[48]. Cabe à sociedade ou aos administradores (admitindo que eles conseguem contratar o seguro individualmente) a decisão de contratar o seguro. A manutenção do carácter não obrigatório – designadamente não impondo a contratação deste seguro para a admissão de valores mobiliários à negociação em mercados regulamentados – parece sugerir que este seguro centra-se na

---

[44] MARIA ELISABETE RAMOS, *O seguro...* cit., p. 483.

[45] MARIA ELISABETE RAMOS, *O seguro...* cit., p. 311, s..

[46] Cfr. art. 2º, 6, da LAS.

[47] V. com desenvolvimentos, MARIA ELISABETE RAMOS, *O seguro...* cit., p. 314, s..

[48] Neste sentido, v. ANA OLIVEIRA, *A responsabilidade civil dos administradores nas sociedades em relação de grupo*, Almedina, Coimbra, 2007, p. 179, MARGARIDA REGO, *Contrato de seguro e terceiros – Estudo de direito civil*, Coimbra Editora, Coimbra, 2010, p. 651, nt. 1786, MARIA ELISABETE RAMOS, *O seguro...* cit., p. 316, s..

protecção dos administradores-segurados, mais do que na dos terceiros lesados pelas actuações ilícitas e culposas daqueles.

5.3. As exclusões típicas

Por via das "cláusulas de exclusão da responsabilidade do segurador" – que, pese embora a afinidade terminológica, não são verdadeiras cláusulas de exclusão de responsabilidade[49] –, as partes limitam o *objecto do contrato de seguro*, mediante o afastamento da obrigação de o segurador cobrir determinados riscos[50]. Tendo sido validamente excluído um determinado risco – e, por conseguinte, limitado o objecto do contrato de seguro –, o segurador não responde porque as partes, na modelação da conteúdo contratual, concordaram em não incluir tal risco no programa contratual.

Da profusa variedade de cláusulas que se encontram nas apólices de seguro de responsabilidade civil dos administradores, seleccionamos algumas[51].

São normalmente excluídas as coberturas que constituem objecto de seguros específicos – p. ex., responsabilidade profissional por conselhos, informações, responsabilidade emergente de violação de obrigações ligadas a sistemas de pensões, ou por violação de direitos de autor ou de propriedade industrial[52].

São frequentes as exclusões que afastam a cobertura de prejuízos resultantes da obtenção, por parte do administrador, de qualquer benefício, remuneração, lucro ou vantagem pessoal ilícitos ou aos quais não tenha direito. São visados, designadamente, os ilícitos que manifestam a violação do dever de lealdade dos administradores. Se a reclamação de devolução fosse coberta pelo seguro, quem recebeu indevidamente a retribuição ou obteve ilegalmente o benefício ficaria sempre em situação de vantagem[53]. Daí que seja excluída a cobertura da restituição de tais quantias[54].

---

[49] Sobre a distinção, PINTO MONTEIRO, *Cláusulas limitativas e de exclusão de responsabilidade civil*, Coimbra, 1985, p. 119.

[50] Neste sentido, PINTO MONTEIRO, *Cláusulas limitativas...* cit., p. 119.

[51] MARIA ELISABETE RAMOS, *O seguro...* cit., p. 483, s..

[52] Cfr. PAIS DE VASCONCELOS, *D&O Insurance...* cit., p. 23.

[53] V. MARIA ELISABETE RAMOS, *O seguro...* cit., p. 487.

[54] PAIS DE VASCONCELOS, *D&O Insurance...* cit., p. 23.

MARIA ELISABETE RAMOS

Surgem nas condições gerais das apólices portuguesas as exclusões de multas, coimas, de indemnizações fixadas a título punitivo (*punity damages*) e de danos exemplares (*exemplary damages*). Parece desnecessária a exclusão na parte que afasta a cobertura de multas ou coimas, pois o RJCS é claro quanto à inassegurabilidade das responsabilidades criminal e contra--ordenacional (art. 14º do RJCS). A locução (impropriamente designada) "danos punitivos"[55] refere a possibilidade de o lesante ser condenado a pagar uma indemnização que, não estando suportada pelo dano, tem uma finalidade marcadamente punitiva. À luz do ordenamento jurídico português, em geral, o dano é medida máxima da indemnização. Em regra, os administradores não correm, efectivamente, o risco de serem condenados a pagar os chamados *danos punitivos*[56].

A prática negocial relativa ao seguro de responsabilidade civil dos administradores tende a não cobrir reclamações resultantes de *actos dolosos* dos administradores segurados[57]. Esta exclusão visa diminuir o "risco moral" e preservar a diligência dos comportamentos[58].

Subjaz à *exclusão das reclamações interpostas por sócios maioritários, com participação relevante ou com posição de controlo na sociedade tomadora* o propósito de evitar o conluio entre os administradores e os accionistas maioritários ou de controlo. Uma das alternativas para delimitar os sócios cujas reclamações são excluídas é, justamente, fixar quantitativamente a percentagem do capital social relevante (*v.g.*, 15% do capital social da sociedade tomadora).

6. A terminar

As alterações societárias introduzidas pelo DL 33/2011, de 7 de Março, têm presente que Portugal está integrado na União Europeia e que está exposto à "concorrência de legislações". Segue, aliás, um trilho já iniciado por outras legislações europeias que, antes da legislação portuguesa, permitiram a criação da "empresa de € 1 euro". Recorde-se que o

---

[55] Salienta PAULA LOURENÇO, *A função punitiva da responsabilidade civil*, Coimbra Editora, Coimbra, 2006, p. 417, que não existem danos punitivos, mas sim "quantias que visam punir o agente" (não foi reproduzido o negrito).

[56] V. com desenvolvimentos MARIA ELISABETE RAMOS, *O seguro... cit.*, p. 487, s..

[57] PAIS DE VASCONCELOS, *D&O Insurance... cit.*, p. 40.

[58] Para desenvolvimentos, v. MARIA ELISABETE RAMOS, *O seguro... cit.*, p. 490, s...

capital social mínimo de € 5000 nunca representou uma efectiva garantia para os credores sociais. Como também, não se deve esquecer que nada impede que os investidores e empresários continuem a constituir sociedades por quotas dotadas de capital social igual ou superior a € 5000.

Esta alterações são introduzidas em um momento histórico de restrição no acesso ao crédito bancário e em que não está difundido o chamado "capital de risco". É de prever que a subcapitalização material da sociedade seja superada – de modo a que a sociedade consiga vingar – através de financiamentos prestados pelos sócios (suprimentos, garantias especiais às obrigações da sociedade, obrigações suplementares) e que estas "empresas de € 1 euro" recebam prestações acessórias dos sócios (prestação de serviços a favor da sociedade). O que, bem vistas as coisas, pessoaliza a concreta sociedade por quotas e atenua (mas não elimina) a distinção relativamente à sociedade em nome colectivo.

Ao contrário do caminho seguido pela MoMiG, a "empresa de € 1 euro" portuguesa não é acompanhada de um programa de combate aos abusos[59]. A ordem jurídica portuguesa integra vários instrumentos destinados a reagir a comportamentos ilícitos conexionados quer com a constituição da sociedade quer com a conservação do capital social.

De modo a combater o risco de inexactas e deficientes declarações relativas às entradas, pode ser convocada a responsabilidade civil dos sócios fundadores (art. 71º); em ordem a afastar o risco de que não sejam cobradas as entradas não realizadas no momento da constituição da sociedade, rege o tipo legal de crime "falta de cobrança de entradas de capital" (art. 509º), a responsabilidade civil dos gerentes perante a sociedade (art. 72º) e a destituição com justa causa (art. 257º). Com o objectivo de assegurar que o património social (constituído pelas entradas e outros bens) é afectado na prossecução do objecto social e não é consumido em afectações ilícitas, regem os deveres dos gerentes, e, em particular, o dever de lealdade devido à sociedade (art. 64º, 1, *b*)). Especificamente preordenado à protecção dos credores sociais, encontra-se a responsabilidade directa dos gerentes perante os credores sociais, *maxime* pela violação das normas legais que regem a função de garantia do capital social (art. 78º, 1).

---

[59] Para uma síntese das medidas de combate ao abuso, v. RUI DIAS, "A reforma de 2008 das *GmbH* (desenvolvimentos recentes do direito das sociedades na Alemanha)", *DSR*, 1 (2009), p. 249, s..

Em ordem a combater manobras ilícitas tendentes à insolvência culposa, regem os tipos legais de crime de insolvência dolosa e negligente (arts. 227º e 228º) e as reacções prescritas no art. 189º do CIRE.

Serão estas medidas suficientes para evitar abusos? O tempo o dirá. No entanto, também não devemos esquecer que a doutrina tem manifestado fundadas dúvidas sobre o efeito dissuasor de algumas destas medidas. Saliento, a título de exemplos, o carácter "brando" e desadequado dos tipos legais de crime previstos no CSC e o carácter não indemnizatório das medidas tendentes a reagir à insolvência culposa. A que acrescem a morosidade e os custos da justiça.

Ninguém espera que a "empresa de um euro" seja constituída para vultuosos projectos empresariais. Um menor risco empresarial pode ser compatível com modelos mais liberalizados. Diferenciação de riscos que explica, parece, que a "empresa de € 1 euro" não seja "aplicável a sociedades reguladas por leis especiais e às sociedades cuja constituição dependa de autorização especial" (art. 2º do DL 33/2011).

O balanço entre benefícios e desvantagens da "empresa de um euro" precisa do teste do tempo.

Lista de abreviaturas

art. – artigo
BFD – Boletim da Faculdade de Direito
CCiv. – Código Civil
CIRE – Código da Insolvência e da Recuperação de Empresas
cit. – citado
CSC – Código das Sociedades Comerciais
CT – Código do Trabalho
DL – Decreto-Lei
DSR – Direito das Sociedades em Revista
GmbH – *Gesetz betreffend die Gesellschaften mit beschänkter Haftung*
LAS – Lei da Actividade Seguradora
MoMiG – *Gesetz zur Modernisierung des GmbH-Rechts und zur Bekämpfung von Missbräuchen*
p. – página
RDS – Revista de Direito das Sociedades
RJCS – Regime Jurídico do Contrato de Seguro
RLJ – Revista de Legislação e de Jurisprudência
vol. – volume

II Parte
Relativa às Acções sem Valor Nominal

TRAÇOS ESSENCIAIS DO NOVO REGIME DAS ACÇÕES SEM VALOR NOMINAL

PAULO TARSO DOMINGUES[*]

1. A introdução, em Portugal, das acções sem valor nominal (impróprias)

As acções sem valor nominal foram recentemente introduzidas, no ordenamento jurídico português, pelo DL 49/2010, de 19 de Maio[1].

As acções sem valor nominal podem fundamentalmente revestir duas modalidades: as chamadas verdadeiras acções sem valor nominal (*true no par shares*) e as acções sem valor nominal impróprias (*unechte nennwertlose Aktien*[2]). Nas primeiras, além da inexistência de valor nominal das acções,

---

[*] Professor da Faculdade de Direito da Universidade do Porto e Advogado (sócio da Abreu Advogados).

[1] Sobre o novo regime jurídico consagrado em Portugal, pode ver-se PAULO DE TARSO DOMINGUES, "As acções sem valor nominal", *in DSR*, 2010, ano 2, vol. 4, Almedina, Coimbra, p. 181-214, ID., "As acções sem valor nominal no direito português", Almedina, Coimbra, p. 53-73, os quais este texto toma por base; ANTÓNIO MENEZES CORDEIRO, "Acções sem valor nominal", *in RDS*, ano 2 (2010), nºs 3/ 4, Almedina, Coimbra, p. 471-50; e PAULO CÂMARA/ /ANA FILIPA MORAIS ANTUNES, *Acções sem valor nominal*, Coimbra Editora, Coimbra, 2011.

[2] Vide K. SCHMIDT, "La reforma alemana: las KonTraG y TransPuG de 1998 y 2002, y el Código Cromme", *RdS*, nº 22, 2004-1, p. 28, s.; KARSTEN HEIDER, *Münchener Kommentar zum Aktiengesetz,*, Bd 1, Beck, München, 2000, *Rdn* 12, s., p. 238, s.; G. B. PORTALE, "Dal capitale «assicurato» alle «tracking stocks»", *RS*, 2002, p. 160; e P. ALEMÁN LAÍN, *Función del valor nominal de las acciones. Una aproximación desde el derecho norteamericano*, Aranzadi, Navarra, 2003, p. 140, s..

PAULO DE TARSO DOMINGUES

não há também qualquer referência ao capital social, pelo que, nesta circunstância, não é possível atribuir-se-lhes um valor que resulte da relação entre o número de acções e o montante daquele[3]. Diferentemente, no segundo caso, apesar de as acções não terem valor nominal, elas inserem-se num esquema jurídico-societário em que se mantém a figura do capital social, dividido em acções, pelo que, por um simples cálculo aritmético, é possível em qualquer momento determinar o seu valor (o respectivo "valor contabílistico"[4]).

O regime consagrado entre nós foi – e teria necessariamente de ser, por força de imposição comunitária – o das chamadas acções sem valor nominal impróprias. Com efeito, a Segunda Directiva sobre sociedades[5] estipula a obrigatoriedade de um capital social fixo (cfr. art. 6º da referida Directiva do Capital) e estando este "dividido em acções"[6], as acções sem valor nominal correspondem necessariamente a uma determinada percentagem, a uma determinada fracção ou parte do capital. Por isso, é sempre possível, a qualquer momento e por um simples cálculo aritmético, determinar o respectivo valor destas acções – que é o resultado da divisão do valor do capital social pelo número total de acções emitidas – e que corresponderá, nesse caso, àquilo que a Segunda Directiva e também o nosso Código apelidam de "valor contabilístico"[7] (cfr. arts. 8º e 9º da Directiva do Capital e art. 92º, 1 CSC).

---

[3] Nos EUA, o *California Corporations Code* e o *Revised model Business Corporations Act* consagraram as *true no par shares*, ao eliminarem totalmente qualquer referência ao capital – bem como aos conceitos de *par* e *no par shares* –, não exigindo que dos *articles of incorporation* conste se as acções da sociedade são acções com ou sem valor nominal. Vide, sobre a matéria, PAULO DE TARSO DOMINGUES, *Variações sobre o capital social*, Almedina, Coimbra, 2009, p. 101, s.

[4] Pense-se, p. ex. numa sociedade com um capital social de 150, representado por 10 acções sem valor nominal. Através da simples operação de divisão do capital social pelo número de acções, obtém-se o valor contabilístico de cada acção, que, no caso, será de 15. Cfr. PORTALE, "Dal capitale «assicurato» ...", p. 160, s.; e FIGÀ-TALAMANCA, *Il valore nominale delle azioni*, Quaderni di Giurisprudenza Commerciale, Giuffrè, Milano, 2001, p. 132, s..

[5] Directiva 77/91/CEE, publicada no JO L 026, de 30/01/77, que veio regular, relativamente às sociedades anónimas, "a conservação e as modificações do capital social" e, por isso, é também designada por Directiva do Capital.

[6] Cfr., entre nós, o art. 271º CSC.

[7] Que se pode igualmente designar por "valor aritmético" (*rechnerisch Wert*) ou ainda "valor fraccional", como é designado no Relatório *Winter* (Relatório produzido pelo designado High Level Group of Company Law Experts, presidido por Jaap Winter, com o título

Note-se que estas acções sem valor nominal impróprias podem ainda, por sua vez, ser "acções quota" (*Quotenaktien*) ou "acções parcela" (*Stückaktien*)[8]. Aquelas, não tendo um valor nominal, contêm, no entanto, a indicação de que representam uma fracção, uma percentagem do capital social[9]. Daqui resulta que a flexibilidade pretendida para o regime alternativo às acções com valor nominal não é alcançada com as *Quotenaktien*, cujo regime não difere substancialmente do daquelas. Na verdade, também com as "acções de quota", sempre que se verifique uma variação do número de acções (p. ex., num aumento ou redução de capital), tal implica, não apenas uma alteração dos estatutos, mas também uma modificação dos próprios títulos[10].

Diferentemente, as "acções parcela" não contêm também qualquer indicação sobre a fracção ou a percentagem do capital social que repre-

---

"A Modern Regulatory Framework for Company Law in Europe", de 4 de Novembro de 2002, cuja versão em francês se pode ler em <http://europe.eu.int/comm/internal_market/en/company/company/modern/ consult/ report_fr.pdf>), p. 98.

Não se deixe, em todo o caso, de dizer que esta designação ("valor contabilístico") não é muito feliz e pode dar origem a confusões, uma vez que, entre os práticos – nomeadamente entre os contabilistas e economistas – ela é comummente utilizada para se aludir ao valor das participações sociais que resulta da contabilidade, e que se afere tendo em conta o valor do capital próprio ou da situação líquida da sociedade, tal como é revelado pelas contas da sociedade.

Seria, por isso, preferível, para designar a realidade referida em texto, a utilização doutra expressão: "valor fraccional", conforme sugerido no Relatório *Winter*, "valor artimético" (uma vez que ele resulta de um simples cálculo aritmético), ou qualquer outra que permitisse claramente distingui-la daquele outro significado utilizado na prática contabilística.

[8] Vide F. KÜBLER, "Aktie, Unternehmensfinanzierung und Kapitalmarkt", in *Il diritto delle società per azioni: problemi, esperienze, progetti*, Giuffrè, Milano, 1993, p. 101, s.; JENS EKKENGA, "Vorzüge und Nachteile der nennwertlosen Aktie", *WM* 35/1997, p. 1645, s.; G. B. PORTALE, "Capitale sociale e società per azioni sottocapitalizzata", in G.E. Colombo/Giuseppe B. Portale, *Trattato delle società per azioni*, vol. 1 **, Utet, Torino, 2004, nt 3, p. 6, s.; ID., "Dal capitale «assicurato» ...", p. 159, s.; e ALEMÁN LAÍN, *Función del valor nominal* ..., p. 139, s.; e, entre nós, MENEZES CORDEIRO, "Acções sem valor nominal", p. 504. J. G. PINTO COELHO, "Estudo sobre as acções de sociedades anónimas", *RLJ*, anos 88º e 89º (1955/56 e 1956/57), ano 89º, pp. 337 ss., designava também as primeiras por "acções de quotidade", que considerava admissíveis no nosso ordenamento, em face do regime resultante do Código Comercial de 1888.

[9] P. ex., um título corresponde a 1/500 do capital social ou a 1% do capital social. Vide PINTO COELHO, "Estudo ...", ano 89º, p. 337, s. e 370, s..

[10] Vide KÜBLER, "Aktie, Unternehmensfinanzierung ...", p. 103, s.; e PORTALE, "Dal capitale «assicurato» ...", p. 160.

sentam[11]. Isto implica que a determinação da medida dos direitos e deveres dos sócios, em função das acções de que sejam titulares, tenha que ser feita por referência ao universo das acções emitidas[12]. Por outro lado, este tipo de acções torna-se num instrumento mais ágil e flexível quanto às operações de auto-financiamento, ao permitir, desde logo, fazer variar o capital social e o número de acções sem necessidade de eliminar ou alterar os títulos antigos, substituindo-os por novas acções[13].

São as acções sem valor nominal impróprias, nesta modalidade de "acções parcela", que foram consagradas entre nós e cujos traços distintivos de regime aqui nos propomos sumariamente abordar[14].

2. A manutenção do capital social e do respectivo regime legal

Importa começar por sublinhar que o novo regime legal instituído pelo DL 49/2010 não eliminou a figura do capital social para as SA, nem subtraiu este tipo societário da aplicação do regime legal da figura[15]. Nem o

---

[11] Cfr. KÜBLER, "Aktie, Unternehmensfinanzierung ...", p. 104; K. SCHMIDT, "La reforma alemana ...", p. 28, s.; e PORTALE, "Dal capitale «assicurato» ...", p. 160, s..

[12] Calculando-se essa medida, através da divisão do número de acções, de que um sócio é titular, pelo valor global das acções emitidas. Cfr. PORTALE, "Dal capitale «assicurato» ...", p. 160.

[13] Vide KÜBLER, "Aktie, Unternehmensfinanzierung ...", p. 103, s.; EKKENGA, "Vorzüge und Nachteile ...", p. 1645, s.; PORTALE, "Dal capitale «assicurato» ...", p. 160, s.; e ALEMÁN LAÍN, *Función del valor nominal ...*, p. 214.

[14] Refira-se, desde já, que o direito português se filiou, nesta matéria (das acções sem valor nominal), no direito belga e não, como frequentemente sucede, no direito alemão. Este ordenamento consagrou um regime extremamente rígido, que não se distancia muito do previsto para as acções com valor nominal (uma vez que a preocupação foi sobretudo facilitar a transição para o euro). Diferentemente, no sistema belga – e assim também no nosso ordenamento – foi consagrado um regime bem mais flexível e permissivo, nomeadamente no que respeita ao financiamento societário. É, no entanto, questionável, a conformidade daquele modelo belga – e consequentemente do português – com o disposto na Directiva do Capital. Vide PORTALE, "Dal capitale «assicurato» ...", p. 162; no mesmo sentido, se bem compreendemos a posição do A., cfr. ALEMÁN LAÍN, *Función del valor nominal ...*, pp. 140 ss. Com efeito, subjacente ao princípio da proibição da emissão das acções abaixo do par – que a Segunda Directiva consagra no seu artigo 8º, nº 1 – está efectivamente a finalidade de assegurar a exacta formação do capital social (o que, com o modelo belga, é alcançado), mas também uma equitativa contribuição por parte dos sócios, o que já não fica assegurado com o esquema jurídico adoptado na Bégica e também entre nós.

[15] Note-se que, para as SA, o regime manteve-se inalterado, nomeadamente no que toca ao capital social mínimo.

poderia fazer, porquanto relativamente ao regime do capital social aplicável às SA, o legislador nacional está vinculado à disciplina da Segunda Directiva sobre sociedades, onde se impõe uma regulamentação bastante detalhada sobre esta figura[16]. De resto, no desenho da Directiva do Capital, o regime destas acções sem valor nominal impróprias aproxima-se, em aspectos importantes, do regime das acções com valor nominal. Assim, p. ex., é idêntico o regime da liberação da entrada (cfr. art. 9º da Segunda Directiva), e também aquelas acções sem valor nominal impróprias não podem ser emitidas abaixo do par, agora do par contabilístico (i.é, por um valor inferior ao seu valor contabilístico – art. 8º, nº 1 da Directiva do Capital)[17].

Ou seja, as SA continuam a ter obrigatoriamente capital social, com a diferença de que este não corresponderá agora à soma do valor nominal das participações sociais[18]. Uma vez fixado estatutariamente o capital social (cfr. art. 9º, 1, f)), passa, no entanto, a aplicar-se a estas sociedades o respectivo regime legal[19], nomeadamente o rigoroso regime relacionado com a efectiva realização e conservação do capital social. I.é, a "maquinaria" do capital social e o respectivo regime é, com ligeiras diferenças de pormenor, inteiramente aplicável às sociedades que adoptem as acções sem valor nominal.

3. Um novo conceito de capital:
o capital social declarado (*stated capital*)

A consagração das acções sem valor nominal não eliminou, pois – nem o podia fazer por força da Directiva do Capital –, a figura do capital social nas SAs. A consagração destas acções implica, no entanto, uma revisitação do conceito de capital social.

---

[16] Estatuindo, desde logo, p. ex., a obrigatoriedade de um capital social mínimo (cfr. art. 6º).

[17] Note-se, no entanto, que o modo como for interpretada e aplicada esta proibição do art. 8º, nº 1 poderá tornar o regime mais ou menos flexível, nomeadamente no que diz respeito ao financiamento das sociedades. Sobre as diferentes soluções legais consagradas nos direitos alemão e belga, pode ver-se o nosso artigo "Acções sem valor nominal", p. 181, s..

[18] Sobre a mudança conceitual da noção de capital social nestas sociedades com acções sem valor nominal, vide *infra* ponto 3.

[19] Que foi, contudo, objecto de algumas alterações, visando adaptar esse regime a esta nova figura: vide arts. 22º, 25º, 28º, 92º, 272º, 276º, 277º, 279º, 295º, 298º, 341º, 342º, 345º e 349º.

Com efeito, ainda que nem sempre bem compreendida[20], a noção de capital social, tal como este é tradicionalmente entendido, corresponde a uma cifra[21] que representa a soma dos valores nominais das participações sociais[22-23].

Ora, desaparecendo o valor nominal das acções, o capital social deixa de poder corresponder àquela noção[24], uma vez que não é mais possível determinar o valor do capital social pela correspondência com a soma do valor nominal das participações sociais.

Por isso, e porque num ambiente de acções sem valor nominal (impróprias) cabe à sociedade livremente definir o valor que é levado a capital social[25], este passa a ser simplesmente o capital por ela declarado, i.é, o *stated capital*[26].

O capital social pode, pois, agora – para as sociedades que adoptem a figura das acções sem valor nominal – definir-se como o elemento do pacto (cfr. art. 9º, al. f) CSC), que se consubstancia numa cifra, necessariamente expressa em euros (cfr. ar. 14º CSC), que é livremente fixada pela sociedade, e que determina o valor mínimo das entradas a realizar pelos sócios[27].

---

[20] Sobre a questão pode ver-se TARSO DOMINGUES, *Variações...*, p. 32, s..

[21] Que obrigatoriamente deve constar dos estatutos sociais (cfr. art. 9º, nº 1, al. f) CSC) e que necessariamente deve ser expressa em moeda com curso legal em Portugal (cfr. art. 14º CSC).

[22] Participações que não sejam fundadas em entradas em serviços, uma vez que estas não são contabilizadas no capital social (cfr. art. 178º, nº 1 CC).

[23] Assim, entre nós, COUTINHO DE ABREU, *Sumários das aulas de direito comercial*, FDUC, Coimbra, ano 1995-96, ed. policopiada, lição 38ª, ponto VI, 1; ID., *Curso de direito comercial*, vol. II – *Das sociedades*, Almedina, Coimbra, 2009, p. 66. Vide também, TARSO DOMINGUES, *Variações...*, p. 47, s.

[24] Deixa de ser possível somar o valor nominal das participações sociais, para determinar a cifra do capital social.

[25] Cabe à sociedade livremente decidir que montante das entradas realizadas pelos sócios é levado a capital social e que montante é considerado prémio de emissão. Note-se, no entanto, que a liberdade de fixação da cifra do capital social tem como limite o capital social mínimo (cfr. art. 276º, nº 3 CSC, para as SA).

[26] Vide, sobre esta matéria, BAYLESS MANNING/ JAMES J. HANKS JR., *Legal Capital*, FOUNDATION PRESS, New York, 1990, p. 29, s.; R. HAMILTON, *The law of corporations*, West Publishing Company, St. Paul, Minnesota, 2000, p. 176, s.; ISABELLE PASQUIER, *Les raisons de l'abandon du concept de capital social, gage des créanciers, dans le droit américain des sociétés anonymes*, Thèse, Paris, 1990, p. 43, s.. KÜBLER, "Aktie, Unternehmensfinanzierung ...", p. 107; e ALEMÁN LAÍN, *Función del valor nominal ...*, p. 79, s., esp. p. 84, s..

[27] Cfr. arts. 25º, nº 2 e 298º, nº 1 CSC, com a redacção que lhes foi dada pelo DL 49/2010, de 19 de Maio. Com efeito, como veremos *infra*, o valor alocado a capital não pode ser superior ao valor das entradas dos sócios.

4. A substituição do valor nominal por dois conceitos axiais do novo regime: o valor de emissão e o valor contabilístico

A plena compreensão da figura das acções sem valor nominal, tal como foi consagrada entre nós, passa pela correcta percepção de dois conceitos axiais do novo regime jurídico (o valor de emissão e o valor contabilístico[28]) que se substituem ao tradicional valor nominal das acções.

4.1. O valor de emissão. Valor mínimo para a subscrição de acções: o princípio da exacta formação do capital social

O valor de emissão – no caso das acções sem valor nominal – corresponde ao valor das entradas dos sócios que é levado ao capital social. É isso que, entre nós, resulta de modo inequívoco nomeadamente do disposto nos arts. 25º, nºs 2 e 3, 277º, nº 2, 279º, nº 2, e 298º, nº 1 CSC[29-30].

Efectivamente, um dos princípios fundamentais enformadores do regime do capital social é o da sua exacta formação[31]. I.é, a lei visa garantir que o valor do capital social ingressa efectivamente no património social.

No tradicional quadro societário tal é conseguido através da proibição da emissão de acções abaixo do par (cfr. arts. 25º, nº 1 e 298º,

---

[28] Sobre a confusão terminológica que esta designação pode originar e as vantagens de utilização de uma expressão alternativa ("valor fraccional", "valor aritmético"), vide o que ficou dito *supra*, na nota 7.

[29] Pode, por isso, dizer-se que o valor da emissão equivale, no momento da realização das entradas, ao valor nominal das tradicionais acções com valor nominal, uma vez que é este que determina, neste outro tipo de acções, o valor do capital social. Há, contudo, uma diferença que importa assinalar. Nas sociedades com acções com valor nominal, o capital social é o consequente do valor nominal (ele resulta da soma do valor nominal das participações sociais). Já nas sociedades com acções sem valor nominal, o capital social é o antecedente do valor de emissão; em primeiro lugar é fixado o valor do capital social e só depois, em função do número de acções emitidas, é que se determina o valor da emissão. Num exemplo simples: se se pretender constituir uma sociedade com acções sem valor nominal, com um capital social de € 50.000, o valor de emissão será de € 1, caso se emitam 50.000 acções (€ 50.000 / 50.000 acções = 1), mas já será de 50 cêntimos se forem emitidas 100.000 acções (€ 50.000 / 100.000 acções = 0,5). Vide também, no sentido referido em texto, o disposto no art. 5º do DL 49/2010, que equipara o "valor de emissão" ao "valor nominal" das acções.

[30] Note-se que este valor de emissão, ao contrário do valor nominal, não tem de constar do pacto social: cfr. art. 272º, al. a) CSC. No mesmo sentido, vide PAULO CÂMARA/ANA FILIPA MORAIS ANTUNES, "Acções sem valor nominal", p. 108.

[31] Sobre este princípio, pode ver-se o nosso "Do capital social – Noção, princípios e funções", *BFDUC, Studia Iuridica*, 33, 2ª ed., Coimbra Editora, Coimbra, 2004, p. 71, s..

nº 1 CSC); ou seja, o valor nominal fixa o valor mínimo das entradas que os sócios têm de desembolsar para subscrever as respectivas participações sociais[32].

Este princípio da exacta formação do capital tem, no entanto, também aplicação no caso das sociedades com acções sem valor nominal, i.é, também aqui a lei visa assegurar que o valor do capital social é efectiva e integralmente realizado.

E essa solução é a que resulta agora dos arts. 25º, nº 2 e 298º, nº 1, *in fine* CSC, que consagra aquilo que epizeuxisticamente se pode designar como o princípio da proibição da emissão de acções abaixo do valor de emissão[33] – correspondente ao paralelo princípio da proibição da emissão de acções abaixo do par, estabelecido para as acções com valor nominal[34] – e com o qual se pretende precisamente assegurar o referido princípio da exacta formação do capital. Ou seja, resulta, de modo cristalino, daquelas normas que os sócios têm necessariamente de realizar o valor da emissão, porquanto o mesmo se destina à formação do capital social.

Assim, se se pretender constituir uma SA[35], com o capital social de 50.000 €[36], através da emissão de 10.000 acções sem valor nominal, isso significa que o valor de emissão daquelas acções – e, portanto, o valor mínimo da entrada que cada sócio terá de realizar para subscrever uma acção – será de 5 €[37-38].

---

[32] Donde, se um sócio realiza uma entrada de 100, pode receber acções com o valor nominal de 99 ou inferior, mas já não lhe podem ser atribuídas acções com o valor nominal de 101 ou superior.

[33] É essa de resto, *ipsis verbis*, a formulação do art. 298º, nº 1 CSC, que prescreve: "É proibida a emissão de acções (...), no caso de acções sem valor nominal, abaixo do seu valor de emissão".

[34] Cfr. art. 298º, nº 1 CSC, parte inicial.

[35] Ou, é o mesmo, proceder a uma operação de aumento de capital social no mesmo valor de 50.000 €.

[36] É esse o valor mínimo imposto por lei – cfr. art. 276º, nº 5 CSC.

[37] Diferentemente do que sucede nas acções com valor nominal, em que a fixação deste valor determina antecipadamente o montante mínimo da entrada do sócio, no caso das acções sem valor nominal, o respectivo valor de emissão – e, portanto, o valor mínimo da entrada que cada sócio terá de realizar para subscrever uma acção – assenta agora num cálculo aritmético, que resulta da divisão do capital social (ou, se for o caso, do valor do aumento do capital social) pelo número de acções emitido.

[38] O valor de emissão equivale, pois, ao valor contabilístico daquela concreta emissão de acções (vide, *infra*, o que será dito a este propósito, no ponto 4.5.). A utilização desta designação (valor de emissão) para se referir esta realidade – e que corresponde ao valor mínimo

TRAÇOS ESSENCIAIS DO NOVO REGIME DAS ACÇÕES SEM VALOR NOMINAL

Daí que, ao contrário do afirmado no Preâmbulo do DL, o valor da emissão não está relacionado com o princípio da intangibilidade do capital social, ao menos da forma como este tem sido tradicionalmente entendido entre nós[39]. Com este visa-se, de facto, prevenir a retirada de bens da sociedade em favor dos sócios, quando os mesmos sejam necessários para a cobertura do capital social. Diferentemente, com o regime em análise, do que se trata é de assegurar que ingressem no património social bens que correspondam efectivamente ao valor do capital social e que, portanto, seja garantida a exacta formação do capital social.

É, de resto, tendo em vista esta finalidade, que se compreende a aplicação integral do regime das entradas em espécie às acções sem valor nominal. Também elas deverão ser avaliadas por um ROC que certifique agora que o valor do bem corresponde, pelo menos, ao valor da emissão (cfr. art. 28º, nº 3, al. e) CSC), aplicando-se igualmente o regime da responsabilidade pela diferença (*Differenzhaftung*), quando o valor do bem entregue à sociedade não cubra o valor de emissão das acções respectivas (cfr. art. 25º, nº 3 CSC).

4.2. A possibilidade de emissão de acções sem valor nominal com ágio

Note-se que – tal como sucede com o valor nominal – o valor de emissão estabelece apenas o valor mínimo que o sócio deve desembolsar pela participação social. Nada impede que o sócio pague um preço ou uma contrapartida superior – i.é, realize uma entrada de valor superior – ao valor de emissão (ao valor que é imputado a capital social)[40]. Mas, também aqui – tal como sucede, paralelamente, no caso de acções com valor nominal, relativamente à parte da entrada que exceda aquele valor nominal –, o

---

da entrada que deverá ser realizado pelo sócio – tem, no entanto, a inegável vantagem de permitir a sua distinção do chamado valor contabilístico relativo à totalidade das acções emitidas pela sociedade (que não de uma concreta emissão), que desempenha funções e tem finalidades distintas, conforme assinalaremos *infra*, em texto.

[39] Sobre este princípio pode ver-se o nosso "Do capital social", p. 132, s..

[40] Pense-se, p. ex., numa SA com um capital social de € 50.000, representado por 50.000 acções sem valor nominal, Neste caso, o valor de emissão é de 1 €, mas nada impede que o valor de subscrição (o valor que o sócio paga por cada acção) seja de 1,5 €. E, neste caso, aquela diferença para mais de 0,5 € será, em princípio, ágio ou prémio de emissão.

PAULO DE TARSO DOMINGUES

montante excedente, que não é imputado no capital social, deverá, em princípio, ser levado a ágio ou prémio de emissão[41].

4.3. O valor de emissão mínimo

O valor de emissão é discricionariamente fixado pela sociedade. Neste poder discricionário, tem a sociedade, no entanto, que observar dois limites mínimos.

Por um lado, a soma da totalidade das entradas destinadas ao capital social – e, portanto, o valor de emissão global, que compreende todas as participações sociais – tem de corresponder, pelo menos, ao valor do capital social mínimo imposto por lei que é, para as SAs, de € 50.000 (cfr. art. 276º, nº 5 CSC).

Por outro lado, o valor de emissão de cada acção nunca poderá ser inferior a 1 cêntimo (cfr. art. 276º, nº 3 CSC), consagrando-se assim regime idêntico ao previsto para o valor nominal das acções[42-43].

4.4. A possibilidade de fixação de diferentes valores de emissão

O legislador português, seguindo o modelo belga[44], veio permitir a fixação de diferentes valores de emissão para as acções sem valor nominal, conforme resulta expressamente do art. 298º, nº 3 CSC.

Esta solução, que flexibiliza claramente, como veremos, o regime de financiamento societário, necessita, no entanto, de algumas explicitações[45].

Em primeiro lugar, convém sublinhar que a fixação de diversos valores de emissão[46] apenas é possível para diferentes operações que incidam

---

[41] É isso que resulta expressamente do art. 295º, nº 3, als. a) e d) CSC, parte final.

[42] Deste modo, numa sociedade com um capital social de 50.000 €, o máximo de acções sem valor nominal que poderão ser emitidas será de 5 milhões, uma vez que, nesta circunstância, o valor de cada acção corresponderá a 1 cêntimo (50.000 € / 5.000.000 acções = 0,01 €).

[43] O que significa que o valor contabilístico das acções sem valor nominal, a que faremos referência *infra* no ponto 4.5., não será também nunca inferior àquele montante.

[44] Sobre o regime belga, pode ver-se TARSO DOMINGUES, "Acções sem valor nominal", p. 201, s..

[45] Parece-nos, pois, que falece razão a Paulo Câmara e Ana Filipa Morais Antunes, quando defendem posição contrária. Cfr. PAULO CÂMARA/ANA FILIPA MORAIS ANTUNES, *Acções sem valor nominal*, p. 112, s..

[46] I.é, podem ser fixados, para um determinado aumento de capital social, valores superiores ou inferiores ao de uma anterior emissão de acções.

sobre o capital social. Significa isto que numa determinada emissão de acções (seja no momento constitutivo da sociedade, seja em posteriores aumentos de capital), o valor de emissão deve ser um só para todas acções emitidas no âmbito dessa operação[47].

Esta possibilidade consagrada na nossa lei, leva inquestionavelmente, há que reconhecê-lo, a uma maior flexibilização na obtenção de financiamento por parte da sociedade, permitindo contornar os constrangimentos que resultam do valor nominal das acções.

Com efeito, se uma sociedade tiver acções com o valor nominal de 1 € e a cotação das mesmas no mercado bolsista for de 50 cêntimos ou menos[48], nunca ela se conseguirá financiar através de capital próprio, uma vez que seguramente ninguém estará disposto a subscrever acções a 1 €[49], quando as pode ir adquirir ao mercado por um valor inferior[50]. Ou seja, o valor nominal das acções apresenta graves inconvenientes em matéria de financiamento, em especial no que respeita ao financiamento das sociedades cotadas em Bolsa. Na verdade, o regime de *par value* – acompanhado da proibição da emissão de acções abaixo do par – levanta sérios obstáculos ou impossibilita até a obtenção de financiamento no mercado bolsista[51], quando o valor da cotação das acções esteja muito próximo ou seja inferior ao respectivo valor nominal, uma vez que, como se disse, ninguém estará interessado em concorrer à subscrição de acções ao par, quando as pode

---

[47] Desde logo, porque só dessa forma fica assegurado o fundamental princípio de direito societário de igualdade de tratamento entre os sócios.

[48] Como sucede actualmente com algumas das nossas maiores instituições financeiras, que terão sido quem pressionou o legislador a adoptar esta nova figura.

[49] Uma vez que as acções não poderão ser emitidas abaixo do par, abaixo do respectivo valor nominal (cfr. art. 298º, nº 1 CSC).

[50] Note-se que a operação de *splitting* (p. ex., dobrando o número de acções emitidas, passando de 50.000 acções com o valor nominal de 1 €, para 100.000 acções com o valor nominal de 0,5 €) não resolverá este problema de financiamento das sociedades que têm a cotação das suas acções abaixo do respectivo valor nominal, uma vez que tal divisão se reflectirá inevitavelmente também no próprio valor da cotação. I.é, o sócio receberá por cada acção que detinha duas acções, mas como é evidente, o valor da cotação não se manterá o mesmo (acompanhará, por via de regra, a redução do valor nominal, descendo também sensivelmente para metade) e, por isso, manter-se-á a impossibilidade de financiamento no mercado bolsista.

[51] Que é obviamente uma, se não a principal, razão por que a sociedade "go public", i.é, requer a sua admissão a uma determinada Bolsa.

PAULO DE TARSO DOMINGUES

adquirir por um valor inferior em Bolsa[52]. O *par value* pode, pois, revelar-se um empecilho para o financiamento[53], através de capital próprio, por parte das sociedades cotadas[54]. Por isso, para este efeito, a ausência de

---

[52] As acções sem valor nominal tornam, pois, inquestionavelmente o regime mais simples, com as vantagens daí decorrentes, nomeadamente ao não levantar entraves ou dificuldades à emissão e colocação de acções, qualquer que seja o seu valor de mercado. Esta é uma das grandes vantagens desta figura, uma vez que a sua flexibilidade permite, independentemente do valor real das participações sociais, que o financiamento da sociedade, através de capitais próprios, não seja desincentivado ou não tenha que ser feito penalizando os sócios investidores em benefício de todos os outros. Um exemplo simples ilustra, de forma clara, o que fica dito. Suponha-se uma SA com acções com o valor nominal de 1 euro – que valem, no entanto, apenas 0,2 – e que necessita, para ser viabilizada, de um aumento de capital. Nesta hipótese, num sistema de *par value*, o sócio que esteja disposto a investir receberá por cada euro investido uma acção com um valor de 0,2 (ou, porventura, com um valor ligeiramente superior, derivado do aumento entretanto realizado), enquanto os sócios que não concorrerem ao aumento de capital – e que não fazem, portanto, qualquer esforço para a viabilização da empresa – manterão ou verão até aumentado o valor da sua participação social. Ou seja, o sócio investidor resultará prejudicado com esta operação, que apenas beneficiará a sociedade e os outros sócios, os quais, sem ela, poderiam ver até o valor das suas participações reduzido a zero. Torna-se, pois, evidente que este regime dificulta o financiamento da sociedade, em especial quando nem todos os sócios estejam dispostos a investir, proporcionalmente às suas participações na sociedade. Diferentemente, num sistema de *no par value*, é perfeitamente possível que o sócio, por cada 0,2 (ou até menos) que invista, receba uma acção – pela qual, em momentos anteriores, os sócios podem ter pago 1 –, facilitando-se, assim, manifestamente a injecção de capitais próprios na sociedade.

[53] Note-se, no entanto, que este problema pode, em grande medida, ficar esbatido através do recurso às chamadas *low par shares*.

[54] A solução, num caso destes, teria de passar pelo recurso à operação-acordeão. Será necessário reduzir o capital social, mediante a redução do valor nominal das acções para um valor inferior ao da cotação bolsista, a fim de permitir o recurso posterior a um aumento do capital, através da colocação em Bolsa das novas acções. Trata-se, no entanto, de uma operação complexa e onerosa, que poderá esbarrar na resistência dos accionistas – a quem cabe exclusivamente deliberar a realização desta operação – que sempre terão dificuldades em encaixar o prejuízo sofrido pela sociedade, aceitando uma diminuição do valor nominal das suas participações sociais. Sobre esta matéria, vide PAULO DE TARSO DOMINGUES, "O capital social como entrave ao financiamento das sociedades. Os novos conceito e regime de capital social introduzidos pelo DL 64/2009 são solução?" in *DSR*, 2009, ano 1, vol. 2, p. 185, s.; L. ENRIQUES/J. MACEY, "Raccolta di capitale di rischio e tutela dei creditori: una critica radicale alle regole europee sul capitale sociale", *RS*, 2002, p. 78, s. (inicialmente publicado na *Cornell LR*, vol. 86, 2001, p. 1165, s.).

Diferentemente, num modelo de sociedade com acções sem valor nominal, na hipótese de as acções estarem cotadas em Bolsa abaixo do respectivo valor contabilístico, não é neces-

TRAÇOS ESSENCIAIS DO NOVO REGIME DAS ACÇÕES SEM VALOR NOMINAL

valor nominal das acções facilita a obtenção de financiamento, ao permitir à sociedade colocar as acções no mercado pelo preço que, em cada momento, considere mais atractivo para os investidores[55].

Ou seja, num ambiente societário de acções sem valor nominal, pode uma SA ter sido constituída com um capital social de € 50.000, representado por 50.000 acções sem valor nominal (em que, portanto, o respectivo valor de emissão foi de 1 €) e, posteriormente, se tal se justificar, proceder-se a um aumento de capital de € 50.000, mediante a emissão de 100.000 novas acções sem valor nominal (cujo valor de emissão é, por isso, de 0,5 €, ou seja, metade do valor de emissão das anteriores acções)[56].

Já se vê, porém, que esta possibilidade comporta o riso de diluição das participações dos sócios que não concorram ao aumento de capital, abrindo a porta a comportamentos abusivos ou oportunísticos do(s) sócio(s) maioritário(s) que pretendam debilitar o *status socii* do(s) sócio(s) minoritário(s)[57].

Note-se, finalmente, que nas acções sem valor nominal o valor de emissão não está relacionado nem desempenha uma função de organização

---

sário recorrer àquela operação-acordeão (recorrer a prévia redução do capital social) para se conseguir colocar um aumento de capital social no mercado bolsista. Pense-se numa sociedade com um capital social de 1.500, representado por 150 acções sem valor nominal (em que, portanto, o respectivo valor contabilístico de cada acção é de 10). Se a cotação em Bolsa das acções desta sociedade for de 4, nada impedirá que ela delibere um aumento de capital de 3.000, mediante a emissão de 1.000 novas acções (com um valor contabilístico de 3, inferior, portanto, ao valor da cotação bolsista) e que, consequentemente, se possa financiar no mercado de capitais.

[55] Pelo que, no que toca ao financiamento das sociedades, se justifica e é justificável para as SA a possibilidade de emissão de acções sem valor nominal, em especial, para as SA abertas, uma vez que é essencialmente nestas que o valor nominal desempenha de forma claramente ineficiente a designada função de produção ou financiamento.

[56] Donde, o valor da emissão não se apura – ao contrário do pretendido por alguns – mediante a divisão do capital social pelo número de acções emitidas (cfr. PAULO CÂMARA/ /ANA FILIPA MORAIS ANTUNES, *Acções sem valor nominal*, p. 107). Com tal operação apura-se, como veremos de seguida em texto, o valor contabilístico da acção.

[57] Em regra, são efectivamente os sócios minoritários e que se encontram afastados da gestão da sociedade, que não estão disponíveis para, nessas circunstâncias, fazer injecções de capital na sociedade. E, portanto não concorrendo ao aumento de capital, verão diluída a sua participação social. Veremos *infra*, no ponto 7. de que forma o nosso ordenamento tenta prevenir esta situação.

119

PAULO DE TARSO DOMINGUES

intra-societária – de regulação dos direitos e deveres dos sócios –, a qual é realizada pelo chamado valor contabilístico. É a questão que abordamos no ponto seguinte.

4.5. O valor contabilístico das acções sem valor nominal e a função de organização

Ao contrário do afirmado no Preâmbulo do DL 49/2010, o valor de emissão não desempenha, ao menos primacialmente, uma "função organizativa"[58].

Efectivamente, se se tomasse por referente, para este efeito, o valor de emissão – a terem-se verificado diferentes valores de emissão – isso levaria a que sócios titulares de participações sociais absolutamente idênticas, pudessem afinal ter direito e/ou deveres sociais distintos, quando não é essa a solução pretendida, nem o regime que resulta da lei.

Na verdade, como decorre expressamente do art. 276º, nº 4 CSC, todas as acções – independentemente do valor de emissão pago por cada uma delas – representam imperativamente a mesma fracção do capital social, sendo que é em função da participação neste que se determina os direitos e deveres corporativos[59]. Donde, o referente para a determinação dos direitos sociais não é o valor de emissão pago por cada sócio, mas o chamado "valor contabilístico"[60], que consiste no valor que resulta da divisão do montante do capital social pelo número total de acções emitidas[61]. Ou seja, a função de organização, nestas sociedades que adoptam as acções sem valor nominal, é desempenhada por este designado valor contabilístico[62] e já não pelo valor de emissão das acções[63].

---

[58] Isso seria possível se tivesse sido adoptado o modelo alemão – o que não foi, neste caso, a opção do legislador português –, em que o valor de emissão de todas as operações sobre o capital é exactamente o mesmo e em que, portanto, há necessária coincidência entre o número de acções detidas pelos sócios e o valor de emissão por elas pago. Sobre o regime alemão, pode ver-se TARSO DOMINGUES, "Acções sem valor nominal", p. 199, s.; MENEZES CORDEIRO, "Acções sem valor nominal", p. 477, s.; e PAULO CÂMARA/ANA FILIPA MORAIS ANTUNES, *Acções sem valor nominal*, p. 47, s..

[59] Cfr., p. ex., art. 22º, nº 1 CSC.

[60] Sobre a justeza desta designação ("valor contabilístico"), vide o que se disse *supra* na nota 7.

[61] Este valor contabilístico equivale, no fundo, à "percentagem que a acção representa no universo accionista" (cfr. Preâmbulo do DL 49/2010).

[62] E já não obviamente pelo valor nominal das acções, que aqui não existe. Note-se, porém, que no CSC mantiveram-se ainda inúmeras referências ao valor nominal da participação

TRAÇOS ESSENCIAIS DO NOVO REGIME DAS ACÇÕES SEM VALOR NOMINAL

Este valor contabilístico[64], de resto, é facilmente determinável – e, consequentemente, por regra, fácil é determinar a medida dos direitos sociais de cada um –, uma vez que nos estatutos, para além do capital social (cfr. art. 9º, nº 1, al. f) CSC), se deve igualmente referir o número de acções emitidas (cfr. art. 272º, al. a) CSC)[65].

Deste modo, se uma sociedade tem um capital social de 100.000 €, representado por 100.000 acções sem valor nominal, um sócio que

social (cfr., *inter alia*, as normas dos art. 51º, nº 3, art. 63º, nº 2, al. c), art. 66º, nº 5, al. d), art. 87º, nº 1, al. c), art. 97º, nº 5, art. 346º, nºs 1, 3 e 4, art. 347º, nº 7, al. b), art. 386º, nº 3, art. 382º, nº 2, al. c), art. 463º, nº 2, al. b), e art. 540º, nº 2, disposições aplicáveis a todo o tipo de sociedades, com acções com e sem valor nominal), pelo que, em muitos, casos, haverá que interpretar aquelas normas legais, adequando-as às sociedades que optem pelas acções sem valor nominal. Tenha-se, aliás, presente que o valor de emissão nem sempre corresponde ao valor nominal, pelo que, em alguns casos, haverá que interpretar restritivamente a equiparação que é feita entre os dois conceitos no art. 5º do DL 49/2010. Cfr., p. ex., a referência que é feita ao valor nominal nos arts. 97º, nº 5 e 136º, nº 1 CSC, onde a referência ao valor de emissão deve entender-se substituída pelo valor contabilístico.

[63] Pense-se no seguinte exemplo: uma sociedade foi constituída com um capital social de 50.000 € – subscrito em partes iguais por 5 sócios –, representado por 50.000 acções sem valor nominal, pelo que o respectivo valor de emissão de cada acção foi de 1 €. Entretanto, procedeu-se a um aumento de € 50.000, através da emissão de 100.000 acções sem valor nominal, pelo que nesta operação, o valor de emissão de cada acção foi de 0,5 €. Se este aumento de capital tiver sido exclusivamente subscrito por dois novos sócios (Y e Z), estes pagaram metade do valor que foi pago pelos 5 sócios fundadores pelo mesmo número de acções. Ora, apesar disso, apesar de os 5 sócios fundadores terem pago o dobro do valor que Y e Z pagaram pelo mesmo número de acções, os seus direitos sociais são equivalentes, uma vez que todas as acções representam imperativamente a mesma fracção do capital social (cfr. art. 276º, nº 4 CSC), sendo o valor contabilístico de todas as acções exactamente o mesmo. Com efeito, resultando este valor contabilístico da divisão do valor do capital social pelo número total de acções emitidas, este seria para todas as acções de 0,75 €: é este o número que resulta da divisão do valor do capital social aumentado (€ 100.000) pelo número total de acções emitidas (150.000). E daqui decorre, inexoravelmente, que a determinação da medida dos direitos e deveres sociais se afere não em função do valor de emissão das acções (que foi de 1 € para as primeiras acções e de 0,5 € para as acções subscritas por Y e Z), mas do referido valor contabilístico (que é idêntico para todas elas).

[64] Note-se que o valor contabilístico a considerar, para este efeito, não é o valor contabilístico das acções para uma concreta e determinada operação (que, na nossa lei, se designou por valor de emissão), mas o valor contabilístico da totalidade das acções emitidas.

[65] Tenha-se presente, porém, que tal como o valor de emissão, também o valor contabilístico não precisa de constar expressamente dos estatutos (cfr. art. 272º, al. a) CSC), muito embora ele esteja, conforme resulta do exposto em texto, necessariamente ali contido de forma implícita.

seja titular de 10.000 acções, terá participações sociais com um valor contabilístico de 10.000 €[66], e terá, por isso, em princípio[67], 10% dos direitos de voto, 10% do direito ao lucro, etc., independentemente de ter pago mais (ou menos) pelas suas 10.000 acções relativamente ao que outros sócios possam ter pago pela subscrição do mesmo número de acções. I.é, os seus direitos sociais dependem do respectivo valor contabilístico das acções de que é titular, e já não do valor de emissão pago por essas acções.

Note-se que a determinação dos direitos corporativos pode fazer--se – porventura até de uma forma mais simplificada – tendo em conta "a percentagem que a acção representa no universo accionista"[68]. Contudo, é a própria lei[69] que alude expressamente a este valor contabilístico, como referente para a determinação da medida dos direitos sociais, nomeadamente no art. 92º, nº 1 CSC, a propósito da participação dos sócios num aumento gratuito do capital social. E a ele se refere também, embora agora elipticamente, no art. 22º, nº 1 CSC[70], no que respeita à participação nos lucros.

5. A impossibilidade de cumulação, na mesma sociedade, de acções com e sem valor nominal

No regime das acções sem valor nominal, consagrado no direito português, importa ainda destacar o facto de na mesma sociedade não poderem coexistir acções com valor nominal e acções sem valor nominal (cfr. art. 276º, nº 2 CSC).

Nos EUA, em algumas jurisdições, permite-se que as sociedades possam emitir simultaneamente acções com e sem valor nominal. Nesses

---

[66] Que pode não corresponder ao valor de emissão das mesmas. Vide o que ficou dito *supra*, na nota 64.

[67] Em princípio, porque a regra da proporcionalidade entre os direitos sociais e a participação social pode ser afastada pelos sócios. Cfr. *infra* nota 87.

[68] Vide Preâmbulo do DL 49/2010. Cfr., p. ex., esta referência para o exercício dos direitos sociais previstos nomeadamente nos artigos 77º, 288º, 291º e 292º CSC.

[69] Idêntica solução é consagrada – como vimos *supra* no nº 1 – pela Directiva do Capital.

[70] Efectivamente, quando, no art. 22º CSC, a lei se refere aos "valores das respectivas participações sociais", há-de entender-se que, no caso de acções sem valor nominal, a lei se quer referir ao valor contabilístico das acções, em função do qual os sócios participarão nos lucros da sociedade.

casos, o capital social – a existir – resultará da adição entre a soma do valor nominal das *par value shares* (quando existam) e o valor pago pelas *no par value shares* que é imputado a capital[71].

A solução portuguesa – alinhada, de resto, com a generalidade dos ordenamentos jurídicos europeus que já consagraram a figura[72] – é, no entanto, de aplaudir, uma vez que a opção pela possibilidade de cumulação dos dois tipos de acções iria densificar e tornar mais complexo o regime, o que, a acrescer ao facto de tratar de um sistema absolutamente inovador dentro do tradicional quadro jurídico societário, iria tornar ainda mais difícil a sua compreensão e aplicação[73].

6. A conversão de acções com valor nominal em acções sem valor nominal

A conversão de acções com valor nominal em acções sem valor nominal (e vice-versa) é uma operação que, com o regime consagrado entre nós, está extremamente simplificada.

Tratando-se necessariamente de uma alteração dos estatutos (desde logo porque terá de ser eliminado[74] o valor nominal das acções, que tem necessariamente de constar dos estatutos[75]), esta operação compete exclusivamente à colectividade dos sócios (cfr. art. 85º, nº 1 CSC).

A deliberação de conversão deverá ser aprovada pela maioria exigida para a alteração do contrato[76], podendo, no entanto, limitar-se – caso os

---

[71] Cfr. § 102(a)12 do NYBCL. Vide MANNING/HANKS JR., *Legal capital*, p. 78; e ALEMÁN LAÍN, *Función del valor nominal ...*, p. 85 e nt 182.

[72] Foi essa a solução também consagrada na Alemanha, França e Itália. Na Bélgica, parece ser permitida a cumulação dos dois tipos de acções Cfr. BOUÈRE, "De l'euro aux actions sans mention de valeur nominale", *JCP – Semaine Juridique Entreprise et affairs*, 1998, p. 117; PORTALE, "Dal capitale «assicurato» ...", p. 162; e ALEMÁN LAÍN, *Función del valor nominal ...*, p. 214.

[73] No mesmo sentido, PORTALE, "Dal capitale «assicurato» ...", p. 162.

[74] Ou introduzido no pacto social, quando se trate de converter acções sem valor nominal em acções com valor nominal.

[75] Cfr. art. 272º, al. a) CSC.

[76] Nas SA, a deliberação de alteração contratual, em primeira convocação (já não assim, em segunda convocação, em que a deliberação poderá ser validamente aprovada, independentemente do capital social representado na assembleia – cfr. art. 383º, nº 3 CSC), só será válida, se estiverem presentes accionistas que detenham, pelo menos, acções correspondentes a um terço do capital social (devendo, em qualquer caso, ser aprovadas por dois terços dos votos emitidos – cfr. arts. 383º, nº 2 e 386º, nº 3 CSC).

sócios não pretendam alterar o valor contabilístico das acções sem valor nominal relativamente ao anterior valor nominal – que o capital social passa a estar representado pelo mesmo número de acções anteriormente existente, com a diferença de se tratarem agora de acções sem valor nominal[77]. Caso pretendam fazer com que o valor contabilístico seja diferente do anterior valor nominal das acções, bastará que se estabeleça que o capital social passa a estar representado por um número diferente (maior ou menor) de acções sem valor nominal[78].

7. A finalidade do novo regime jurídico: flexibilização do financiamento societário no mercado bolsista

A principal, se não exclusiva, motivação que justificou a consagração das acções sem valor nominal entre nós prende-se, conforme o legislador assumidamente reconhece no Preâmbulo do DL[79], com as dificuldades por que estão a passar algumas das nossas maiores empresas e com a

[77] Suponha-se que uma sociedade tem um capital social de 50.000 €, representado por 50.000 acções com o valor nominal de 1 € cada. Pretendendo adoptar o novo tipo de acções – mantendo o valor contabilístico idêntico ao anterior valor nominal das acções –, bastará que seja aprovada uma deliberação de alteração contratual, onde se estabeleça que o capital social de 50.000 €, passa a estar representado por 50.000 acções sem valor nominal (que terão, portanto, um valor contabilístico de 1 € cada).

[78] No exemplo referido na nota anterior, os sócios poderão aprovar a deliberação de conversão, estabelecendo que o capital social passa a estar representado por, *e.g.*, 100.000 acções sem valor nominal, caso em que o valor contabilístico das acções passará a ser de 0,5 €.

[79] Não se deixe de fazer duas observações a propósito do que se pode ler no Preâmbulo do DL, onde o legislador escreve: "considera-se oportuno permitir em termos gerais a emissão de acções sem valor nominal, conferindo carácter genérico à solução que, excepcionalmente, e por razões conjunturais havia sido consagrada no DL 64/2009". A primeira é a de que as razões conjunturais que justificaram o desastrado regime do DL 64/2009, parecem afinal ter carácter estrutural, justificando agora não uma intervenção pontual e transitória, mas uma alteração legislativa com carácter permanente e genérico. A segunda é a de que, pelo menos aparentemente, o legislador vem afirmar que a figura das acções sem valor nominal já havia sido, embora transitoriamente, consagrada no DL 64/2009, quando tal não corresponde à verdade. Na verdade, este DL não só não consagrou a figura das acções sem valor nominal, como as soluções legais nele prescritas em nada se aparentam com esta nova figura agora introduzida no nosso ordenamento jurídico. Sobre o regime transitório consagrado pelo DL 64/2009, pode ver-se TARSO DOMINGUES, "O capital social como entrave..." p. 185, s.; e PAULO CÂMARA, "O Decreto-Lei nº 64/2009: diminuição extraordinária do valor nominal das acções", *RDS*, Ano I (2009), nº 2, p. 237, s..

impossibilidade de elas – porque têm a cotação bolsista das suas acções inferior ao respectivo valor nominal – se conseguirem financiar através do recurso ao mercado de capitais[80].

Trata-se, pois, de uma alteração legislativa – que rompe com o nosso tradicional quadro societário no que respeita ao regime jurídico das acções – direccionada para um pequeno conjunto de destinatários, uma vez que ela está sobretudo pensada para as sociedades anónimas abertas e, dentro destas, para aquelas que têm a cotação das suas acções abaixo do respectivo valor nominal[81].

Por isso, se é verdade que o impacto dogmático desta alteração é enorme, perspectivamos que o mesmo já será, pelo menos a curto prazo, bem menor na nossa *praxis* societária[82].

Para esse reduzido impacto poderão também contribuir as desvantagens e os riscos que se associam às acções sem valor nominal. É o ponto que abordamos de seguida.

8. As desvantagens e os riscos associados às acções sem valor nominal

As acções sem valor nominal têm, como vimos[83], a inegável vantagem de facilitar o recurso ao financiamento no mercado bolsista. No entanto, como em tudo na vida, esta figura apresenta também desvantagens relativamente às acções com valor nominal.

Na verdade, ao valor nominal das acções é – correlativamente com o capital social[84] – atribuída uma função organizativa, com o que se pre-

---

[80] Vide o que ficou dito sobre esta matéria, *supra*, no ponto 4.4.

[81] Tenha-se presente que é muito diminuto o número de sociedades portuguesas listadas na nossa Bolsa de Valores e menor ainda o número de sociedades que necessitarão de recorrer a este instrumento para se conseguirem financiar no mercado bolsista, por terem as suas acções cotadas abaixo do valor nominal.

[82] É preciso não olvidar que estamos perante uma figura nova e completamente desconhecida na nossa prática e cultura jurídicas. Acresce que os investidores "têm nas mãos" (metaforicamente falando, uma vez que as acções são, hoje, sobretudo escriturais) acções, que apesar de terem um valor de mercado inferior, têm um determinado e certo valor facial, o que deixará de suceder com as acções sem valor nominal, correndo-se o risco de os investidores – sobretudo os menos informados – considerarem que passam a ter "uma mão cheia de nada".

[83] Vide *supra* ponto 4.4.

[84] Ao capital social – embora não haja unanimidade sobre as funções por ele desempenhadas – é comum atribuir-se as funções de garantia, de organização e de produção ou

PAULO DE TARSO DOMINGUES

tende traduzir a ideia de que ele se assume como um instrumento moderador e regulador dos direitos e deveres dos sócios, desde logo porque eles são, por princípio, fixados e delimitados em função do valor nominal das respectivas participações.

O valor nominal tem, pois, a inequívoca vantagem de, facilmente, permitir determinar a medida dos direitos sociais de cada um por referência ao valor do capital social[85-86].

Inversamente, num sistema sem valor nominal[87], a titularidade de determinada participação social não dará qualquer indicação imediata sobre os direitos corporativos que lhe estão associados, o que – tendo a vantagem de não transmitir qualquer informação errónea sobre a matéria – tem o inconveniente de nada esclarecer quanto à medida dos direitos dos sócios[88].

Por isso, pode afirmar-se que a existência do valor nominal assume especial relevância sobretudo para as sociedades de pequena e média dimensão, em que, por via de regra, se verifica a existência de um número

financiamento. Sobre as funções imputadas ao capital social, veja-se, por último, TARSO DOMINGUES, *Variações...*, p. 121, s..

[85] Assim, p.ex., se um sócio tem 100 acções, com o valor nominal de 1 cada, num capital social de 1000, ele terá, em princípio, 10% dos direitos de voto, bem como direito a receber 10% do lucro.

[86] Note-se que esta característica pode, porém, em certos casos revelar-se inconveniente, porquanto, na maioria dos casos, os sócios têm a possibilidade de, contratualmente, alterar aquela correspondência, podendo, por isso, contribuir para uma ideia enganosa sobre os direitos de que o sócio é titular. A desproporcionalidade entre o valor nominal e a correspondente participação no capital social e a medida dos direitos e deveres dos sócios pode resultar, por exemplo, de limitações ao direito de voto (cfr., entre outras, as normas dos arts. 384º, nº 2, e 341º, nº 3 CSC); por outro lado, quanto ao direito ao lucro, a norma do art. 22º, nº 1 CSC – que estabelece que os sócios participam nos lucros e nas perdas da sociedade segundo a proporção dos valores nominais das respectivas participações no capital – não contém uma regra imperativa, podendo, por isso, ser livremente alterada pelos sócios, mediante cláusula contratual em sentido diferente, *v.g.*, através da consagração das acções preferenciais sem voto (cfr. arts. 341º, s. CSC).

[87] Em que o sócio não é detentor de uma participação social com um determinado valor nominal (que é uma fracção do todo que corresponde à cifra do capital social), mas apenas titular de um determinado número de acções.

[88] Não é, pois, verdadeira a afirmação peremptória, feita no Preâmbulo do DL 49/2010, de que "a eliminação da obrigatoriedade do valor nominal das acções também não prejudica, *de modo nenhum* [a ênfase é nossa], as funções que lhe são reconhecidas", nomeadamente quanto àquilo que designa ser "a sua função informativa".

reduzido de participações[89] – e em que não é comum nem frequente a alteração da regra da proporcionalidade entre os direitos sociais e a participação social –, o que permite fácil e imediatamente determinar o *quantum* dos direitos corporativos de cada um. O valor nominal, relativamente a este aspecto organizativo, torna pois o regime simples e transparente com as vantagens que daí advêm para os sócios[90], uma vez que lhes permite, sem necessidade de grandes indagações, alcançar a medida dos seus direitos sociais[91].

Já para as grandes sociedades anónimas, a existência, normalmente, de um capital social muito elevado e de um grande número de acções, bem como a prática mais frequente de criar diversas categorias de acções com distintos direitos sociais fazem com que, mesmo num sistema com valor nominal e capital social, não seja imediata nem evidente a determinação da medida dos direitos corporativos de cada accionista, pelo que, para este tipo de sociedades, e relativamente a este aspecto da função de organização, é relativamente indiferente a (in)existência de valor nominal.

A função de organização do valor nominal social não se limita, porém, apenas ao facto de ele contribuir para o recorte e determinação dos direitos sociais.

Com efeito, a propósito desta função, importa sobretudo salientar o papel relevantíssimo desempenhado pelo valor nominal relativamente à tutela e protecção dos próprios sócios e dos respectivos direitos, visando-se assegurar a igualdade de tratamento dos sócios. Na verdade, através da fixação do valor nominal das participações e da proibição da emissão abaixo do par, pretende-se assegurar que todos os sócios efectuem contribuições iguais para serem titulares de participações sociais e direitos corporativos idênticos[92].

---

[89] A que acresce o facto de, as mais das vezes, a cifra do capital social não ser muito elevada.
[90] Sobretudo para os sócios das sociedades de pequena e média dimensão que, normalmente, não estarão receptivos nem preparados para um regime complexo na determinação dos seus direitos sociais.
[91] Refira-se, porém, que a determinação dos direitos sociais num sistema sem valor nominal será também relativamente evidente, quando haja uma única categoria de acções e o número de acções emitidas seja relativamente pequeno (p. ex., quando um sócio disponha de 100 acções num universo global de 1.000 acções emitidas).
[92] Todos sabem que têm de efectuar para a sociedade uma contribuição mínima de montante, pelo menos, idêntico ao valor nominal das participações subscritas. Sobre esta ques-

PAULO DE TARSO DOMINGUES

Não se olvida que este desiderato poderá, em boa medida, ser subvertido através da fixação de diferentes ágios para distintas subscrições de acções[93]. De todo o modo, com o regime do valor nominal consegue-se, pelo menos tendencialmente, produzir uma "equitativa contribuição"[94] por parte de todos sócios.

Ora, é precisamente neste aspecto que as acções sem valor nominal comportam mais riscos, permitindo comportamentos abusivos ou oportunísticos por parte dos sócios (terão que ser sócios maioritários) que queiram debilitar a posição jurídica de sócios incómodos.

Com efeito, nesta matéria, é substancialmente diferente o regime das acções sem valor nominal, onde se torna muito mais simples subverter aquela regra das contribuições equitativas dos sócios, uma vez que a sociedade tem uma enorme liberdade para discricionariamente fixar o valor por que se emitem as novas acções, facilitando-se assim a possibilidade de realização de entradas totalmente distintas e não equitativas por parte dos sócios.

Para de alguma forma acautelar e minimizar esse risco, o nosso legislador estabeleceu a obrigatoriedade – sempre que o valor de emissão, num aumento de capital, seja inferior ao valor de emissão de acções anteriormente emitidas – de a proposta da operação ser acompanhada de um relatório do conselho de administração "sobre o valor fixado e sobre as consequências financeiras da emissão para os accionistas" (art. 298º, nº 3 CSC)[95]. A finalidade do relatório será, por um lado, a de esclarecer os sócios e, por outro, sustentar a

---

tão, vide MANNING/HANKS JR., *Legal capital*, p. 57; M. LUTTER, "Legal capital of public companies in Europe", *Legal capital in Europe*, ECFR, 2006, special vol. 1, p. 2, s.; e ALEMÁN LAÍN, *Función del valor nominal ...*, p. 77.

[93] Sobre o regime aplicável ao ágio e os possíveis meios de reacção contra a sua (não) fixação abusiva, veja-se TARSO DOMINGUES, *Variações...*, p. 452, s..

[94] Assegurando direitos iguais para contribuições iguais. Cfr. MANNING/HANKS JR., *Legal capital*, p. 57, e ALEMÁN LAÍN, *Función del valor nominal ...*, p. 77.

[95] O legislador português não foi, pois, tão longe como o legislador belga, que consagrou, a este propósito, outras cautelas, nomeadamente: 1 – quando está em causa a emissão de acções abaixo do valor contabilístico, isso deve constar expressamente da ordem de trabalhos (art. 582, I, Code des sociétés); 2 – a operação deve ser acompanhada de um relatório detalhado do conselho de administração justificando o preço de emissão e as consequências que a operação implica para os accionistas, relatório esse que deve ser acompanhado de um outro relatório elaborado por um ROC, que ateste que as informações do conselho de administração "são fiéis e suficientes para esclarecer a assembleia geral" (art. 582, II, Code des sociétés).

justificação económica para a fixação de um valor de emissão inferior[96]. Se tais finalidades não forem alcançadas, isso terá obviamente consequências ao nível da validade – *rectius*, invalidade – da deliberação tomada.

Por outro lado, deve ter-se ainda presente que, estando em causa uma alteração do contrato de sociedade – que uma operação de aumento de capital social sempre implica[97] –, a competência para deliberar sobre tal valor de emissão cabe aos sócios e já não aos administradores[98]. Note-se que o CSC consagra a possibilidade de a competência do aumento de capital social poder ser "delegada" no conselho de administração (cfr. arts. 456º, s. CSC)[99]. Deve, no entanto, considerar-se que, no caso do chamado aumento de capital social autorizado, não deve ser possível ao órgão de administração fixar um valor de emissão inferior ao valor contabilístico, ficando essa competência exclusivamente reservada para a colectividade dos sócios. É solução idêntica à que está consagrada para a situação da eliminação do direito de preferência (cfr. art. 460º, nº 3 CSC), em que está de igual modo em causa o risco da diluição das participações sociais dos sócios antigos[100].

Finalmente, a emissão de acções por um valor inferior ao valor contabilístico (pelos riscos que comporta) justificará o recurso a critérios mais rigorosos e apertados na responsabilização e na fiscalização dos deveres fiduciários dos administradores e dos sócios de controle[101].

[96] Será uma operação facilmente justificável, quando a sociedade necessite de se financiar no mercado bolsista e o valor da cotação das acções seja inferior ao respectivo valor contabilístico.

[97] E só aí a questão de eventual divergência entre sócios se colocará, uma vez, que no momento de constituição da sociedade, a fixação do valor de emissão resulta do consenso de todos eles.

[98] O que não afasta a possibilidade de os sócios minoritários se considerarem prejudicados pela deliberação que venha a ser aprovada pela maioria e pretenderem, por isso, contra ela reagir. Sobre o regime da impugnação das deliberações sociais, vide, por todos, COUTINHO DE ABREU, *Curso de direito comercial, vol. II – Das sociedades*, Almedina, Coimbra, 2009, p. 461, s..

[99] Sobre a figura, pode ver-se TARSO DOMINGUES, *Variações...*, p. 396, s..

[100] É também esta a solução consagrada no direito belga, onde expressamente se estipula que a competência para o aumento de capital, através da emissão de acções abaixo do valor contabilístico das acções antigas, não pode ser delegada ao conselho de administração (art. 606, 2º, Code des sociétés).

[101] Vide, para os EUA, o regime previsto na *Sec.* 8.30 RMBCA. Sobre esta questão, cfr. MANNING/HANKS JR., *Legal capital*, p. 181 e 187, s.; LUTTER, "Legal capital ...", p. 6; e ALEMÁN LAÍN, *Función del valor nominal* ..., p. 76, s.. Note-se, no entanto, que o problema da desigualdade de tratamento se coloca também, em termos não muito dissemelhantes, num sistema de *par value*. Com efeito, também aqui pode haver uma diluição do valor da participação social dos antigos accionistas se, numa nova emissão de acções, o preço de subscrição – ainda que superior ao valor nominal – for inferior ao valor real das acções existentes.

Abreviaturas usadas:

al.	alínea
BFDUC	Boletim da Faculdade de Direito da Universidade de Coimbra
Cfr.	confronte
CSC	Código das sociedades comerciais
DL	Decreto-Lei
DSR	Direito das Sociedades em Revista
ECFR	European Company and Financial Law Review
EUA	Estados Unidos da América
Id.	Idem
nº	número
NYBCL	New York Business Corporation Law
p.	página
RMBCA	Revised Model Business Corporation Act
RLJ	Revista de Legislação e de Jurisprudência
RS	Rivista delle Società
s.	seguinte
SA	Sociedade Anónima
SQ	Sociedade por Quotas
vol.	Volume

ASPECTOS CRÍTICOS DA APLICAÇÃO PRÁTICA DO REGIME DAS ACÇÕES SEM VALOR NOMINAL[*]

PAULO OLAVO CUNHA[**]

Introdução

Liberalização do capital social nas sociedades por quotas e acções sem valor nominal nas sociedades anónimas: reformas legislativas (aparentemente) contraditórias

Assistimos no último ano e meio, depois da crise global de 2007-2008, no âmbito das sociedades comerciais, a reformas legislativas que são aparentemente contraditórias.

---

[*] O presente inédito destina-se aos *Estudos em Homenagem ao Prof. Doutor Nuno Espinosa Gomes da Silva* e corresponde a um desenvolvimento das intervenções que sobre o tema fizemos nos colóquios que foram promovidos pela Escola de Direito da Universidade do Minho e pela Faculdade de Direito da Universidade do Porto sobre "As recentes alterações ao Código das Sociedades Comerciais: o capital social das sociedades por quotas e as acções sem valor nominal", nos dias 19 e 27 de Maio de 2011, no painel sobre "As acções sem valor nominal". Agradecemos aos organizadores e coordenadores dos colóquios – os nossos colegas Maria Miguel Carvalho e Paulo de Tarso Domingues –, e às Faculdades que representam, o privilégio do convite que nos endereçaram e a hospitalidade que nos dispensaram.

Este texto, versando sobre uma matéria inteiramente nova, retoma pontualmente passagens do nosso livro *Direito das Sociedades Comerciais*, 4ª ed., Almedina, Coimbra, 2010 – que, em algumas das suas páginas, acompanhamos de perto. Tratando-se de um tema muito recente, a **bibliografia** nacional (actualizada até Junho de 2011 e publicada desde Maio de 2010) – que é a única que indicamos e cujos autores são indicados por ordem alfabética do último nome – é escassíssima. De entre as **referências gerais**, apenas as nossas lições citadas abordam a matéria e fazem-no "muito a quente" (visto que foram publicadas alguns dias depois

PAULO OLAVO CUNHA

Por um lado, o legislador – por alteração do Código das Sociedades Comerciais[1] – admitiu sem limites, no nosso ordenamento jurídico, as acções sem valor nominal (Decreto-Lei nº 49/2010, de 19 de Maio), por outro, volvidos alguns meses, consagrou as sociedades por quotas de capital social simbólico (mínimo de um euro por cada sócio) (Decreto-Lei nº 33/2011, de 7 de Março).

Uma rápida vista de olhos aos novos regimes, que não excluem situações anteriormente reguladas, sublinhe-se, permite constatar que o acolhimento das acções sem valor nominal não põe em causa o princípio da intangibilidade do capital social, porquanto este conceito mantém-se incontornável, continuando a constituir uma garantia dos credores. Já no que respeita às sociedades por quotas de capital simbólico – que deveriam ter constituído um subtipo societário autónomo e diverso das demais sociedades por quotas, porquanto nessas o capital social se mantém como conceito de referência com a consequente utilidade, ainda que corresponda a apenas € 5.000,00 –, é possível suscitar dúvidas sobre a utilidade futura do conceito "*capital social*". Tais sociedades poderão sis-

---

do Decreto-Lei nº 49/2010, de 19 de Maio). No que respeita a **estudos específicos**, importa enunciar os seguintes: Paulo Câmara / Ana Filipa Morais Antunes, *Acções sem valor nominal*, Coimbra Editora, 2011, com amplo desenvolvimento sobre a admissibilidade de acções sem valor nominal em ordenamentos jurídicos estrangeiros (pp. 39-79), António Menezes Cordeiro, «Acções sem valor nominal», *RDS*, ano II, nºs 3-4, 2010 (pp. 471-508), Paulo de Tarso Domingues, «O capital social (ou a falta dele) nos Estados Unidos da América», *RFDUP*, ano VI, 2009, pp. 471-510 (existe sep.) – com interessante digressão pelo Direito norte-americano –, «Capital e património sociais, lucros e reservas», AA.VV., *Estudos de Direito das Sociedades*, 10ª ed. (coord. por Jorge Manuel Coutinho de Abreu), 2010 (pp. 175-260), «Acções sem valor nominal», *Direito das Sociedades em Revista*, ano 2, vol. 4, 2010 (pp. 181-214), e «Acções sem valor nominal no direito português», AA.VV., *I Congresso Direito das Sociedades em Revista*, 2011 (pp. 53-73). Como contributos relevantes, cfr. ainda o **comentário** de António Menezes Cordeiro, *Código das Sociedades Comerciais Anotado* (coord. por António Menezes Cordeiro), 2ª ed., Almedina, Coimbra, 2011, em especial pp. 804-807 (art. 276º), e, *last but not least*, a dissertação doutoral de Paulo de Tarso Domingues, *Variações do capital social*, Almedina, Coimbra, 2009 (cfr., em especial, pp. 179-185).

Por razões óbvias, ainda não existe jurisprudência portuguesa sobre a matéria.

A prática nacional, embora recente, constitui já uma realidade incontornável, que merece referência autónoma no texto (cfr., *infra*, nº 3.3).

** Professor da Faculdade de Direito da Universidade Católica Portuguesa (Lisboa) e advogado (Vieira de Almeida & Associados – responsável pela Área de *Corporate* & *Governance*).

[1] A que se reportam todas as disposições legais que não forem especialmente referenciadas neste texto, salvo quando for evidente referirem-se a diferente diploma legal.

ASPECTOS CRÍTICOS DA APLICAÇÃO PRÁTICA DO REGIME DAS ACÇÕES SEM VALOR NOMINAL

tematicamente distribuir a totalidade do activo líquido, isto é, do activo que supere o passivo. Nestas novas sociedades por quotas[2] o capital social *simbólico* apenas garante aos credores que a sociedade não se encontra a distribuir bens em situação deficitária, à custa de liquidez que lhe é proporcionada por financiamentos de terceiros ou por adiantamentos de clientes. Temos uma certa expectativa sobre a reacção do mercado às sociedades por quotas subcapitalizadas e sérias reservas sobre a disponibilidade dos financiadores concederem crédito sem garantias de natureza pessoal.

De todo o modo, saliente-se que o legislador não conseguiu superar o dogma do capital social nas sociedades de capital simbólico, pelo que é de admitir que as sociedades comerciais portuguesas se continuem a estruturar com base neste conceito, que deverá continuar a ocupar lugar central na delimitação da sua responsabilidade e capacidade patrimoniais.

No caso das acções sem valor nominal, como veremos, as participações perdem o valor nominal, mas mantêm uma relação com o capital social, representando uma fracção deste, ainda que o custo inerente à sua realização não seja idêntico.

Vamos ao longo deste artigo, que congrega aspectos das exposições que oportunamente fizemos e a prática adquirida em operações já concretizadas, analisar o novo regime societário, chamando a atenção para questões que deverão ser objecto de rectificação no futuro próximo.

Tendo em conta o objecto do nosso estudo, não deverá surpreender que nos centremos exclusivamente no domínio das sociedades anónimas[3].

---

[2] As sociedades por quotas podem hoje, e desde há uns meses, apresentar um capital social variável entre € 1,00 (no caso de serem unipessoais) e o montante que os sócios entenderem aportar a esse título.

Quando for realizado exclusivamente em dinheiro, o capital apenas tem de ser disponibilizado à sociedade, pelo mínimo de € 1,00 por cada sócio, até ao final do primeiro exercício social (cfr. art. 202º, nº 4, na red. do DL 33/2011, de 7 de Março), o que significa que a sociedade pode arrancar sem capital, constituindo-se imediatamente devedora dos sócios e de terceiros.

Se for realizado, total ou parcialmente, em espécie, os bens que integrem as entradas devem ser imediatamente entregues à sociedade, isto é, continuam a ter de ser realizados concomitantemente com a constituição da sociedade ou com o aumento do capital.

[3] As sociedades anónimas são reguladas, em geral, pelo Código das Sociedades Comerciais e pelo Código dos Valores Mobiliários (no tocante às sociedades abertas) e, em especial, pelos respectivos estatutos; e também, para as que tiverem por substrato uma empresa pública,

PAULO OLAVO CUNHA

1. O capital social como garantia dos credores

Comece-se por recordar alguns conceitos básicos e verificar, sucintamente, qual o seu alcance na actualidade.

1.1. Capital social e capitais próprios

Quando se organiza uma empresa comercial sob forma jurídica societária há que dotá-la dos meios que lhe permitam realizar adequadamente a actividade económica que se propõe exercer no mercado.

Os bens com que os respectivos participantes contribuem para formar o seu substrato correspondem, em regra[4], ao capital social inicial, coincidente com os capitais próprios da sociedade, isto é, com os bens de que esta poderá dispor para se constituir e movimentar no mercado em que se integra.

Qra, sendo o **capital social** menção obrigatória do contrato de sociedade (cfr. art. 9.º, n.º 1, *alínea f*)), consistindo na «cifra numérica de valor constante, em dinheiro, expressa em euros [*«moeda com curso legal em Portugal»* (vd. art. 14.º do Código das Sociedades Comerciais)], correspondente ao património de constituição da empresa»[5], isto é, à soma de todas as participações dos sócios[6], manter-se-á inalterada durante a vida da sociedade até que esta delibere uma variação, no sentido positivo ou negativo.

Diversamente, os **capitais próprios** – património (líquido) societário formado exclusivamente à custa de bens de que a sociedade beneficie com carácter de estabilidade, incluindo os que são necessários para cobrir o

---

pelo regime jurídico do sector empresarial do Estado e das empresas públicas (Decreto-Lei nº 558/99, de 17 de Dezembro) ou pelo regime jurídico do sector empresarial local (Lei nº 53-F/2006, de 29 de Dezembro).

[4] Só assim não será se for convencionado um prémio, caso em que os bens aportados superam, em valor, o montante do capital social. Trata-se de uma hipótese muito rara no momento da constituição.

[5] PAULO SENDIN, *Curso de Sociedades Comerciais*, Policopiado, Lisboa, 1984.
Sobre este conceito, vd., com desenvolvimento, a dissertação de doutoramento citada de PAULO DE TARSO DOMINGUES, *Variações do capital social*, 2009, pp. 34-57 e ainda pp. 61-119 e 121-130. Este autor critica a noção que seguimos por considerar ser o capital social apenas tendencialmente coincidente com a soma das entradas (cfr. pp. 40-46).

[6] Seguimos as nossas lições (4ª ed., 2010, p. 141), nas quais fazemos uma referência inicial ao conceito de capital social a propósito das menções obrigatórias do contrato de sociedade (nº 4.3.6, pp. 141-142) e o analisamos, separadamente, em capítulo autónomo (V), nos números 22 e segs., em especial nas pp. 459-468.

capital social acrescido das reservas legais (obrigatórias e especiais) acumuladas[7] – inicialmente formados pelos bens que integraram o capital social, e por isso constituindo o resultado da actividade social projectada no seu património de arranque, irão ser utilizados para suportar os custos da actividade da sociedade e sofrerão naturalmente um decréscimo na fase inicial, tendendo a recuperar com a implantação da sociedade no mercado e com as receitas que esta vier a encaixar pelos serviços prestados ou bens disponibilizados.

O risco da actividade societária vai satisfazer-se com os bens da sociedade, os quais responderão ilimitadamente pelas dívidas sociais, ou seja, é suportado pelo volume de capitais próprios da sociedade, sendo irrelevante, para esse efeito, o valor do capital social, salvo se este não se encontrar integralmente realizado.

Por isso, não surpreende que os credores em geral e financiadores em particular olhem primeiramente para os capitais próprios e só depois para o capital social, cuja cifra apenas lhes garante que não podem ser licitamente distribuídos bens aos sócios à custa dos bens necessários para assegurar a respectiva cobertura.

1.2. A intangibilidade do capital social; significado e alcance na actualidade

Afirmar a intangibilidade do capital social significa historicamente que os bens necessários para compor esta cifra não podem ser afectados à satisfação das dívidas pessoais dos sócios, visto que constituem o património e garantia da própria sociedade, apenas respondendo pelas dívidas sociais, e só mediatamente, na medida da participação de cada sócio, poderão vir a responder pelas respectivas dívidas.

De um plano inicial – em que se procurou afastar a confundibilidade do património societário relativamente ao património pessoal dos sócios, afirmando a autonomia daquele e a sua subsidiariedade na satisfação dos credores pessoais dos sócios –, evoluiu-se para o sentido actual, em que a intangibilidade do capital social significa que não podem ser distribuídos aos sócios bens que são necessários para assegurar a cobertura do capi-

---

[7] Reproduzimos a ideia expressa nas nossas lições, 4ª ed., 2010, pp. 466-467.
Seguindo a lapidar definição apresentada por José Rodrigues Jesus, na sessão de que fizemos parte, capital próprio é a diferença entre o activo e o passivo.

PAULO OLAVO CUNHA

tal social (eventualmente acrescidos das reservas legais entretanto constituídas). Tais bens deverão ser intangíveis pelos sócios, isto é, não lhes poderão ser atribuídos, garantindo assim aos credores que, se a sociedade se encontrar a distribuir bens, a sua saúde financeira é boa; pelo menos tanto quanto o montante do seu capital social for adequado à satisfação das suas necessidades[8]. O artigo 32º do Código das Sociedades Comerciais (em especial o seu número 1) constitui o expoente desta regra que conhece inúmeros afloramentos noutras normas do nosso ordenamento jurídico-societário.

Mas aquilo que hoje parece elementar nem sempre o foi. Com efeito, nos primórdios das sociedades os credores pessoais dos sócios pretendiam fazer-se pagar directamente pelos bens sociais, em actos de absoluta confusão patrimonial em que procuravam rejeitar a autonomia dos capitais afectos à sociedade e a subsidiariedade dos mesmos em caso de responsabilidade dos seus devedores. O reconhecimento de que a sociedade comercial constituía um sujeito autónomo de direito veio a permitir afirmar a sua autonomia patrimonial relativamente aos seus sócios, de modo que, por dívidas pessoais destes, apenas pudessem responder as suas participações sociais, mas nunca directamente o património societário.

Paralelamente, no que respeita à disponibilidade dos bens sociais que lhe correspondem, a intangibilidade significa que tais bens não podem ser livremente utilizados pelos sócios, que não os podem distribuir (entre si) se forem indispensáveis para perfazer o montante do capital social (eventualmente acrescido das reservas legais obrigatórias entretanto constituídas).

Chegou-se assim à conclusão de que o capital social – enquanto realidade compreensiva, pelo menos, dos bens que lhe correspondem e que são necessários ao seu preenchimento – era intangível por parte dos credores pessoais dos sócios e também por estes, devendo ser preservado para assegurar à sociedade a dotação de meios adequada e suficiente para a realização da respectiva actividade. Por esta razão, tendencialmente o capital social de cada empresa deverá corresponder ao montante necessário para o seu giro comercial.

No presente, isto é, depois do movimento de descapitalização das (pequenas) sociedades por quotas, não se afigura que o princípio estru-

---

[8] Sobre este princípio, vd. também PAULO DE TARSO DOMINGUES, «Capital e património sociais, lucros e reservas», cit., pp. 200-203.

ASPECTOS CRÍTICOS DA APLICAÇÃO PRÁTICA DO REGIME DAS ACÇÕES SEM VALOR NOMINAL

turante das sociedades comerciais tenha sofrido alteração qualitativa. Enquanto existir, como conceito de referência, por mais reduzido que seja o seu montante, o capital social não deixará de ser intangível. Impõe-no a estrutura e funcionamento das sociedades comerciais e os interesses dos *stakeholders*, designadamente dos respectivos credores e financiadores.

1.3. Capital social como conceito central do Direito das Sociedades Comerciais: garantia dos credores e medida da responsabilidade da sociedade

Aqui chegados estamos em condições de extrair uma primeira conclusão: a de que, não obstante as alterações do Código das Sociedades Comerciais a que nos referimos na Introdução, o capital social se mantém como conceito central do Direito Societário português[9].

Coincidindo com o património de constituição da empresa societária, o capital social constituirá a medida da responsabilidade patrimonial dos sócios que, nas sociedades de responsabilidade limitada, não ficam obrigados a proceder à entrega de bens para além do montante que subscrevem – salvo se tiverem assumido responsabilidade pessoal nos termos do artigo 198º – e não podem receber bens da sociedade à custa desse valor, que deve ficar exclusivamente afecto ao exercício da actividade societária, não podendo ser utilizado para satisfação das suas dívidas pessoais, nem ser objecto de distribuição entre os sócios. Nisto consiste o princípio da intangibilidade do capital social, que antes caracterizámos: a impossibilidade de distribuição de bens necessários e indispensáveis à cobertura do capital social (cfr. art. 32.º)[10].

Correspondendo ao património societário inicial, o capital social exprime a medida da responsabilidade da sociedade, ou seja, o valor pecuniário dos bens que esta congrega para o exercício da sua actividade e que, em princípio, irão assegurar a satisfação do seu passivo. Nem todas as empresas carecem de meios financeiros significativos e de capital intensivo, mas este conceito exprime, relativamente a cada sociedade

---

[9] Para esta conclusão apontávamos já na 4ª edição do nosso *Direito das Sociedades Comerciais* (p. 357), publicada menos de uma semana depois da entrada em vigor do DL 49/2010, de 19 de Maio.

[10] Adaptamos o texto do nosso *Direito das Sociedades Comerciais*, 4ª ed., 2010, p. 113.

que caracteriza e a que respeita, a dimensão da respectiva responsabilidade, por um lado, e a fasquia em que coloca o mínimo necessário para proceder à distribuição lícita de bens, por outro.

Daí que, ainda que o montante do capital social seja simbólico, nós sabemos que se a empresa comercial se encontra a distribuir lucros é porque a sua situação líquida é positiva por mais insuficiente que seja. E isso não deve surpreender já que as sociedades comerciais são entidades constituídas com fim lucrativo, visando, naturalmente, proceder à distribuição dos rendimentos que geram e para cuja obtenção foram oportunamente constituídas. Prosseguindo a actividade económica através de uma empresa organizada sob a forma de sociedade comercial, a pessoa (física ou colectiva) que arrisca o seu capital pretende vir a receber no mais curto espaço de tempo a rentabilidade que o mesmo proporciona, fazendo todo o sentido proceder então à distribuição dos rendimentos desde que esta não prejudique a sua estabilidade e desenvolvimento. A sociedade não é, assim, por definição constituída para conservar os meios que a sua actividade gera, para além das suas necessidades operacionais e de investimento. E, por essa razão, os seus lucros devem ser tendencialmente distribuíveis, sem prejuízo de poder criar uma margem de segurança que garanta o seu futuro.

2. As acções sem valor nominal no Direito português
Revisitados o conceito de capital social e o princípio da sua intangibilidade, vejamos agora quais a razão de ser e o impacto da introdução das acções sem valor nominal no Direito das Sociedades Comerciais português.

2.1. Reformulação do conceito de acção: da acção como participação social ao renascimento da acção como fracção do capital; crítica
Antes de mais, refira-se que o acolhimento generalizado da acção sem valor nominal não põe em causa o conceito de acção como participação social.

Como é do conhecimento geral, acção é um conceito pluri-significativo que não se limita ao Direito das Sociedades.

No que respeita às sociedades anónimas[11], a acção é sinónimo de participação social, isto é, exprime a participação neste tipo societário e as

[11] Remetemos para o nosso *Direito das Sociedades Comerciais*, cit., pp. 355-357.

ASPECTOS CRÍTICOS DA APLICAÇÃO PRÁTICA DO REGIME DAS ACÇÕES SEM VALOR NOMINAL

situações jurídicas activas e passivas que a caracterizam e que deverão ser, pontualmente, exercidas ou cumpridas por quem for o respectivo titular ou se encontrar devidamente legitimado para o efeito.

Mas a acção corresponde também a título de crédito – sendo entendida como o documento no qual se incorpora uma determinada situação jurídica composta por direitos e vinculações, ainda que por referência para o contrato de sociedade[12] – ou pode ser perspectivada como fracção do capital social[13], permitindo determinar a posição absoluta e relativa de determinada pessoa na sociedade anónima. Este sentido é claramente revalorizado pelas acções sem valor nominal introduzidas no Direito português há pouco mais de um ano, pelo Decreto-Lei nº 49/2010, de 19 de Maio, o qual introduziu no nosso ordenamento o princípio de que todas as acções *«devem representar a mesma fracção no capital social»* (art. 276º, nº 4, na red. do DL 49/2010, de 19 de Maio[14].

Em qualquer dos sentidos, a acção exprime um direito de participação social autónomo, concedendo ao seu titular o direito de partilhar os resultados da sociedade e o de participar na formação das respectivas deliberações, acedendo à informação necessária para a formação da sua vontade.

2.2. Dificuldades suscitadas pelo novo tipo de acções; *remissão*

O novo tipo de acções – sem valor nominal – e a sua aplicação prática suscitou naturais dúvidas e perplexidades, não apenas pela novidade do regime, mas também pela sua complexidade, as quais se encontram longe de esclarecer e de simplificar. Tendo sido acolhidas com uma finalidade

---

[12] Sobre a literalidade por referência e a circunstância de nem todos os títulos serem especialmente aptos para documentar a totalidade do direito que neles está representado, vd. as nossas *Lições de Direito Comercial*, Almedina, Coimbra, 2010, p. 259, nota 479.

[13] Criticávamos esta acepção na nossa dissertação de mestrado, *Os Direitos Especiais nas Sociedades Anónimas: As Acções Privilegiadas*, Almedina, Coimbra, 1993, p. 142, considerando então que as acções sem valor nominal características do Direito norte-americano condenavam o conceito de acção como fracção do capital, visto que, de acordo com tais participações, a acção passaria «a ser, quando muito, expressão do valor da participação social».
Como resulta do texto, o conceito de acção sem valor nominal acolhido no nosso Direito obrigou-nos a rever a crítica então formulada relativamente a um ordenamento que rejeitava (já) o conceito de capital social como referência fundamental.

[14] Salientando também o (quarto) significado de acção como "produto financeiro" («instrumento financeiro negociável no mercado de capitais»), JOSÉ ENGRÁCIA ANTUNES, *Os Instrumentos Financeiros*, Almedina, Coimbra, 2009, p. 76, na linha de CARLOS OSÓRIO DE CASTRO, *Valores Mobiliários. Conceito e Espécies*, 2ª ed., Porto, 1998, pp. 73-76.

PAULO OLAVO CUNHA

cristalina, como veremos adiante (cfr., *infra*, nº 3.1), são muitos os aspectos que carecem de sedimentação e de melhoramento. Procuraremos, adiante, percorrer alguns deles.

3. A adopção das acções sem valor nominal nas sociedades anónimas existentes

As acções sem valor nominal podem surgir com a constituição da sociedade, como o tipo de participação social escolhido, ou serem introduzidas em vida da sociedade, substituindo as acções com valor nominal e permitindo realizar as finalidades que estas não atingem, em razão das regras a que estão sujeitas.

Iremos focar a nossa atenção na adopção das acções sem valor nominal pelas sociedades já existentes e que delas carecem para atingir os fins que as mesmas viabilizam.

3.1. O Decreto-Lei nº 49/2010, de 19 de Maio: finalidade e objectivo da criação do novo tipo de acções

O Decreto-Lei nº 49/2010, de 19 de Maio – entre outros aspectos –, introduziu as acções sem valor nominal no ordenamento jurídico português como alternativa ao único tipo[15] de acções há muito existente: o das acções com valor nominal.

Com efeito, até 23 de Maio de 2010 (*inclusive*), véspera da entrada em vigor do novo diploma, as sociedades anónimas portuguesas só podiam ter o respectivo capital representado por acções com valor nominal (cfr. arts. 272º, *alínea a)*, e 276º, nº 1 *in fine*, na red. originária); e estas,

---

[15] A diferença substancial que se regista entre as acções com valor nominal e as que não o têm leva-nos a considerar estarmos perante tipos diferentes de acções ou subtipos distintos de participações sociais. Com efeito, as acções sem valor nominal não constituem uma espécie das que têm valor nominal. Pura e simplesmente, porque não coexistem; antes representam uma alternativa às acções clássicas. E se ambas são espécies do género acções, preferimos reservar esta designação ("*espécie*") para as diferenciar em razão do seu conteúdo e dos direitos que as integram. Quando caracterizamos as acções relativamente ao respectivo conteúdo, falamos em espécies de acções, que classificamos como ordinárias, privilegiadas ou diminuídas.

Por sua vez, se atendermos à forma de representação, afirmamos que as acções podem ser tituladas ou escriturais, e se as distinguimos em função do regime aplicável à sua transmissão, dizemos que as acções são nominativas ou ao portador.

ASPECTOS CRÍTICOS DA APLICAÇÃO PRÁTICA DO REGIME DAS ACÇÕES SEM VALOR NOMINAL

por sua vez, tinham de ser de valor idêntico (cfr. art. 276º, nº 2, red. do DL 343/98, de 6 de Novembro).

A estas regras acrescia ainda uma norma fundamental segundo a qual as acções não poderiam ser subscritas abaixo do par, isto é, por valor inferior ao seu valor nominal (cfr. o art. 298º, nº 1, na red. originária).

Isso significava que a sociedade que se encontrava subcapitalizada – isto é, carecia de capitais para prosseguir a sua actividade – e necessitava realizar uma operação de aumento de capital aberta a terceiros deveria previamente proceder ao seu saneamento financeiro, reduzindo o capital para cobertura de prejuízos, de forma que a subscrição do aumento por valor não inferior ao valor nominal (idêntico para as novas acções e para as já existentes) fosse, minimamente atractiva.

Sucede que, nalguns casos, surgidos depois da crise financeira (global) de 2007-2008, a capitalização bolsista de certas sociedades cotadas sofreu graves quebras, fazendo com que o valor de cotação das acções caísse abaixo do seu valor nominal e sem que correspondesse ao valor contabilístico (de balanço) de cada acção da sociedade que, em geral, se manteve acima do respectivo valor nominal. E se esse valor contabilístico era superior ao valor nominal, a sociedade não podia deliberar a redução do capital porque não registava perdas que justificassem cobertura, uma vez que as perdas resultantes do valor de mercado das participações não seriam relevantes para esse efeito.

Essa situação conduziu ao aparecimento do Decreto-Lei nº 64/2009, de 20 de Março, que introduziria uma alteração tácita provisória ao Código das Sociedades Comerciais, vigente até 31 de Dezembro de 2009, permitindo salvaguardar o princípio então imperativo de que as acções não podiam ser emitidas abaixo do par[16]. Esse diploma de emergência – que autorizava a sociedade anónima a deliberar a redução do capital por diminuição do valor nominal das suas participações, viabilizando aumentos de capital quando o valor da cotação se encontrava abaixo do valor nominal em casos em que a sociedade não registava perdas contabilísticas reais – nunca chegaria a ser aplicado.

---

[16] Cfr. PAULO CÂMARA, "O Decreto-Lei nº 64/2009: diminuição extraordinária do valor nominal das acções", *Revista de Direito das Sociedades*, ano I, nº 2, 2009 (pp. 327-338), e PAULO DE TARSO DOMINGUES, "O capital social como entrave ao financiamento das sociedades. Os novos conceitos e regime de capital social introduzidos pelo DL 64/2009 são solução?", *Direito das Sociedades em Revista*, ano 1, vol. 2, pp. 175-200.

Por isso, e para oferecer ao mercado uma solução estável, o legislador nacional ponderou a introdução, no nosso ordenamento jurídico, das acções sem valor nominal, tendo aprovado em 7 de Abril de 2010 um novo diploma – o Decreto-Lei nº 49/2010, de 19 de Maio – que, entre outros diplomas, alterou o Código das Sociedades Comerciais, consagrando uma solução no Direito português que, até então, era tabu. Ao fazê-lo, veio permitir às sociedades que tinham as suas acções cotadas em bolsa abaixo do seu valor contabilístico e nominal converter (ou "transformar") tais acções em acções sem valor nominal e promoverem a realização de aumentos do capital por entradas em dinheiro mediante a subscrição de acções por um valor de emissão abaixo do valor de cotação e necessariamente aquém do valor nominal das acções já existentes.

O objectivo inerente à criação deste novo tipo de acções em vida da sociedade é, pois, o de viabilizar o recurso ao mercado aberto em circunstâncias em que a sociedade não se conseguiria capitalizar por não se encontrar em situação de, previamente, realizar uma operação de saneamento financeiro, reduzindo o capital (para cobrir prejuízos que não existiam) por forma a tornar apelativa (a terceiros[17]) a subsequente operação de aumento de que carece.

Na realidade, no anterior quadro legal, a operação de aumento, ainda que teoricamente possível, não seria concretizável porque nenhum terceiro subscreveria o aumento por valor superior aquele a que as acções eram, ao tempo, transaccionáveis no mercado. Tal representaria um mau investimento e corresponderia – como se diz na gíria – a *pôr dinheiro bom em cima de dinheiro mau*.

Não sendo possível reduzir o capital, para que o novo valor nominal das acções fosse compatível com o valor de subscrição, o legislador optou por admitir que, no âmbito da mesma sociedade, viessem a coe-

---

[17] Se a operação fosse restrita aos accionistas existentes, e destinando-se a ser subscrita por eles proporcionalmente ao respectivo capital social, o valor de subscrição seria indiferente porque se a sociedade tivesse um capital de € 10 milhões e um valor de cotação de apenas € 5 milhões, a eventual subscrição de um aumento de (outros) € 10 milhões, por idêntico valor nominal, em princípio, provocaria um aumento do valor de cotação para aproximadamente ¾ do respectivo valor nominal, o que significaria que os accionistas ficavam com o dobro das acções, mas com um valor intermédio entre a cotação anterior e o custo suportado com o aumento.

ASPECTOS CRÍTICOS DA APLICAÇÃO PRÁTICA DO REGIME DAS ACÇÕES SEM VALOR NOMINAL

xistir acções com diferentes valores de emissão[18], apesar de poderem ter idênticos direitos. E, para o efeito, permitiu que a sociedade anónima substituísse as acções, até aí com valor nominal obrigatório, por acções sem valor nominal.

Assim, e exemplificando, se as acções têm um valor nominal de € 1,00, um valor contabilístico superior (de, por exemplo, € 1,20) e um valor de cotação de metade do valor nominal (€ 0,50), a sociedade deverá converter as suas acções em acções sem valor nominal – como veremos de seguida – para poder realizar um aumento de capital também destinado a terceiros[19], e poder colocar à subscrição do mercado as novas acções por um valor (eventualmente de € 0,45) que não ultrapasse ou fique mesmo aquém do montante pelo qual se encontram a ser negociadas no mercado regulamentado.

3.2. Alteração estatutária necessária
Não sendo as acções sem valor nominal criadas *ab initio*, aquando da constituição da sociedade, caso em que o seu valor inicial corresponderá ao valor da sua primeira emissão – tendencialmente coincidente com o do capital social, quanto à totalidade das acções emitidas –, e devendo o contrato de sociedade referenciar o valor nominal das acções, se existir (cfr. art. 272º, *alínea a*)), definindo indirectamente o respectivo tipo, o recurso a acções sem valor nominal pressupõe e implica a prévia alteração dos estatutos.

Embora se trate de uma modificação imperativa, sem a qual nenhum aumento do capital social é possível, a mesma não suscita particulares dificuldades. Não há especialidades a assinalar em matéria de *quorum* constitutivo e *quorum* deliberativo para promover a alteração do contrato de sociedade, pelo que, encontrando-se presentes (ou representados) accionistas detentores dos votos correspondentes ao capital social, a deliberação deverá colher os votos favoráveis de dois terços dos presentes (cfr. arts. 386º, nº 3 e 383, nº 2). Isto é, número de votos mínimo idêntico ao que a sociedade precisa para deliberar o aumento do capital.

Assim, a sociedade anónima que pretender realizar esta operação (de aumento do capital) deverá deliberar igualmente a alteração do contrato,

---

[18] Para mais desenvolvimentos, vd. o último estudo de PAULO DE TARSO DOMINGUES, «Acções sem valor nominal no direito português», cit., 2011 (pp. 53-73), pp. 61-64.
[19] Ou simplesmente que não seja subscrito proporcionalmente pelos respectivos accionistas.

PAULO OLAVO CUNHA

para previamente converter em acções sem valor nominal aquelas que (já) integravam o seu capital social.

No que respeita ao valor (de emissão) das acções anteriormente criadas, o mesmo corresponderá àquele que terá sido o respectivo valor nominal e que é único.

3.3. Os casos do BCP e do BES

Na sua curta vida, o novo regime legal – das acções sem valor nominal – já foi adoptado por duas grandes sociedades emitentes: o Banco Comercial Português (BCP), que foi pioneiro quanto às sociedades cotadas em bolsa, e o Banco Espírito Santo (BES)[20].

Estas sociedades tiveram de proceder previamente à alteração dos respectivos estatutos, tendo sido suficiente, para acolher este novo tipo de acções, modificar uma única disposição estatutária: precisamente a que menciona o tipo de acções em que se exprime o capital social.

No entanto, enquanto o BES optou por alterar unicamente essa regra contratual, o BCP procedeu à modificação do tipo de acções no âmbito de uma vasta remodelação estatutária[21].

A redacção do artigo 4º, número 1, dos estatutos do Banco Comercial Português, S.A., sob a epígrafe *"Capital Social"*, resultante dessa modificação estatutária[22], determinou que o *«Banco tem o capital social de 4.694.600.000 euros, correspondendo a 4.694.600.000 ações nominativas escriturais sem valor nominal, integralmente subscritas e realizadas»*.

Por sua vez, o Banco Espírito Santo, S.A. também deliberou[23] a alteração do preceito correspondente: o artigo 4º do respectivo contrato, cujo texto – na parte final do actual número 1[24] – se limitou a substituir

---

[20] Para além destas sociedades cotadas também a Inapa – Investimentos, Participações e Gestão, S.A., em assembleia geral realizada no dia 6 de Abril de 2011, deliberou a *transformação* das suas acções em acções sem valor nominal (registo de 4 de Maio seguinte) (utiliza-se a expressão constante do comunicado da sociedade cotada, de 4 de Maio de 2011).

[21] Que, para além de algumas modificações substanciais, adaptou a linguagem do contrato de sociedade à nova grafia dos países de língua portuguesa resultante do acordo ortográfico aplicável obrigatoriamente a partir de 1 de Janeiro de 2012.

[22] Temos em mente a alteração deliberada em 18 de Abril de 2011. Esta regra seria, entretanto, objecto de nova modificação por efeito do aumento do capital social deliberado, ao abrigo de autorização contratual, pelo conselho de administração executivo; e já executado.

[23] Em assembleia geral realizada no pretérito dia 9 de Junho.

[24] O anterior corpo do artigo – que se limitava a indicar o montante do capital social, o número de acções e o respectivo valor nominal – deu lugar a três (novos) números: o número

144

ASPECTOS CRÍTICOS DA APLICAÇÃO PRÁTICA DO REGIME DAS ACÇÕES SEM VALOR NOMINAL

a expressão "acções com o valor nominal de 3.00 Euros cada" pela menção *"acções sem valor nominal"*.

Ponderadas as alterações deliberadas e já executadas, verifica-se que, literalmente, as modificações estatutárias introduzidas nos contratos das sociedades emitentes que converteram as respectivas participações em acções sem valor nominal foram mínimas, tendo consistido apenas na adopção da referência *"acções sem valor nominal"* no lugar da anterior indicação do valor nominal das acções.

Da prática contratual exposta resulta ser a operação em causa, no plano estatutário, relativamente simples, o que não significa que não suscite diversas dificuldades, em especial em matéria de regime jurídico aplicável à nova realidade.

Com a execução das deliberações de alteração dos respectivos contratos, qualquer das sociedades citadas ficou apta a deliberar aumentos de capital por emissão de acções sem valor nominal – o que já aconteceu, aliás, com o BCP[25] –, tendo tido, para o efeito, que converter as suas anteriores acções com valor nominal em acções (apenas) com valor de emissão, que é o correspondente ao valor nominal de emissão. Tal medida permitiu ao BCP, a única das duas sociedades que já deliberou e executou aumentos de capital por entradas em dinheiro, colocar no mercado (novas) acções por valor inferior ao valor (anteriormente nominal) das acções já existentes, tendo todas (as antigas e as novas), em princípio, idêntica expressão societária, no que respeita ao seu conteúdo, enquanto integrarem a mesma categoria[26].

Em seguida iremos ver que nenhuma das sociedades bancárias referidas poderia ter optado por um caminho diferente; ambas escolheram a via mais fácil e expedita e que é simultaneamente a única que se encontrava disponível e viabilizava os objectivos pretendidos: recorrer ao mercado para captação dos meios adequados à sua necessária capitalização.

1, que se limitou a acolher as acções sem valor nominal, e os números 2 e 3 que autorizam o conselho de administração a elevar o capital por entradas em dinheiro num montante adicional de € 5 milhões, no prazo de cinco anos.

[25] Esta sociedade já aumentou o capital social por emissão de acções sem valor nominal por duas vezes, em 11 de Maio e 11 de Junho, sendo presentemente o respectivo capital social de € 7.207.167.060,00.

[26] Apesar de não ter reflexos práticos, recorda-se que consideramos constituírem as acções ordinárias uma categoria distinta e autónoma de outras eventualmente existentes.

3.4. Inexistência de vias alternativas no Direito Societário nacional

Tendo presentes as operações realizadas pelas instituições de crédito acima mencionadas, importa salientar que a finalidade que as mesmas permitiu prosseguir não seria atingível por outra via, dada a situação em que se encontravam as empresas e a respectiva cotação bolsista.

Na falta de autorização legal – como aquela que foi pontualmente estabelecida pelo Decreto-Lei nº 64/2009, de 20 de Março (com carácter de emergência e vigente apenas até 31 de Março) –, não existem vias alternativas à do recurso às acções sem valor nominal, sempre que as acções se encontrem cotadas abaixo do par e o seu valor contabilístico não permita optar por uma redução do capital para cobertura de prejuízos, por ser superior ao valor nominal (e de cotação), razão pela qual não se registam perdas por cobrir.

Não se equaciona assim como possível uma redução do capital *sui generis* que reconduza o capital diminuído a uma reserva estatutária e que implique a redução do valor nominal das participações para um montante correspondente, ou quiçá inferior, ao da respectiva cotação bolsista.

Tal redução com finalidade especial não autorizada colidiria com o princípio da intangibilidade do capital social que apenas pode ser posto em causa nos casos expressamente previstos na lei e não quando for conveniente aos sócios reduzir o capital social para recolocar o valor nominal das acções. Até porque há que salvaguardar os interesses dos credores que podem naturalmente ser afectados com a diminuição da cifra que espelha o nível de responsabilidade da sociedade e da qual, tanto quanto possível, o montante dos capitais próprios não deve ficar (muito) aquém.

3.5. Características das acções sem valor nominal

São mais de uma dezena as regras do Código das Sociedades Comerciais que sofreram modificação para acolherem este novo tipo. De todas, algumas assumem particular protagonismo pela sua projecção na caracterização das novas participações. Veja-se a este propósito o disposto no artigo 276º.

As acções sem valor nominal não apresentam especiais características relativamente às acções com valor nominal, que ainda são largamente dominantes no nosso mercado.

Naturalmente que no novo tipo de acções não encontramos os traços distintivos que correspondem classicamente às acções com valor nominal, designadamente de estas deverem ter, relativamente à mesma sociedade, idêntico valor e de não ser possível proceder a aumentos de capital com subscrição abaixo do par, ou seja, por montante inferior ao valor nominal. As acções sem valor nominal visam introduzir na ordem jurídica a possibilidade de, numa mesma sociedade, poderem ser não apenas emitidas acções por valores (de emissão) diferentes, como ser possível subscrever um novo aumento de capital por valor unitário inferior às emissões anteriores.

Mas, com a admissibilidade destas acções, os princípios caracterizadores sofrem adaptações. Assim, olhando para o disposto no artigo 276º, vemos que o novo tipo de acções não pode coexistir com o tipo acções com valor nominal; até há pouco o único legalmente admissível[27].

O que importa é reconhecer que as novas acções, constituindo fracções do capital social idênticas às anteriores, atribuem aos seus titulares os mesmos direitos e vinculações que as demais e que os direitos sociais que as caracterizam se reportam a cada acção independentemente do respectivo valor de emissão, sendo quantitativamente idênticos relativamente a cada acção, salvo se existirem diferentes categorias.

A lei aparentemente baseia as novas acções no valor que lhes corresponde na divisão do capital social pelo respectivo número; e é relativamente a cada uma delas que vai atribuir e reconhecer os direitos sociais, como o direito aos lucros (cfr. art. 22º, nº 1), o direito de voto (cfr. art. 384º, nº 1), o direito de informação (cfr. arts. 288º e segs.) e o direito de preferência na subscrição de aumentos do capital (cfr. art. 458º), entre outros.

Também nos parece constituir traço relevante das acções com diferentes valores de emissão a sua fungibilidade, que é impeditiva de interpretações susceptíveis de pôr em causa uma desigualdade, ainda que meramente quantitativa, de direitos em relação a acções de uma mesma categoria.

3.6. Acções sem valor nominal e prémio de emissão
Por último, refira-se que as acções sem valor nominal, que têm um preço de emissão, podem, algo paradoxalmente, ser emitidas com prémio ou ágio. Isto é, ao seu valor de emissão deverá acrescer um montante con-

---

[27] Com efeito, as próprias acções de fruição (cfr. art. 346º, nº 4) mantinham o valor nominal, apesar do reembolso do capital que estava na sua origem.

vencionado que reverte para uma reserva especial da sociedade, sem integrar o capital social.

Tal como nas acções já existentes, a emissão com ágio aquando da constituição faz pouco sentido. No momento fundacional não se justifica introduzir distinções, dentro de uma mesma categoria de acções, pelo que, na prática, é igual subscrever o capital por um valor de 10 ou fazê-lo pelo valor de 7 acrescido de um ágio de 3. O tratamento das rubricas que se formam é quase idêntico, visto que os 3 que constituem o prémio irão integrar uma reserva especial, que fica indisponível, sem prejuízo de poder ser utilizada em aumento do capital social.

Já em vida da sociedade, e com esta em funcionamento, o ágio permite corrigir o maior valor (real, unitário) que as acções têm relativamente às novas participações quando estas têm de ser emitidas com idêntico valor nominal. Se este é de 5 e o valor real das acções é de 10, o aumento do capital – a realizar por igual valor nominal, de 5 – deverá envolver um ágio de, pelo menos, 5.

Se as acções não têm valor nominal, em regra podemos dispensar o prémio e fixar o valor de emissão no valor real a que pretendemos colocar as novas participações e que pode ser substancialmente superior ao de emissões anteriores. Não obstante, o novo regime legal veio admitir que, ao valor de emissão das acções, pudesse continuar a acrescer um prémio, introduzindo um elemento de confusão, visto que o até aqui valor de emissão incluía já o ágio.

No plano dogmático, o prémio de emissão, ou maior valor que o accionista deve suportar pelo privilégio de participar na subscrição do capital de uma sociedade comercial anónima, continua a ter autonomia e relevância, embora em plano de certo modo análogo ao que representava para as acções com valor nominal no momento da constituição da sociedade.

4. Aspectos críticos do regime das novas acções sem valor nominal

Feita uma apreciação sucinta da *praxis* nacional e das regras recentemente introduzidas, vamos proceder a uma breve análise de alguns aspectos críticos do novo regime legal, sem pretensões de esgotarmos todas as situações que possam ser questionadas[28].

---

[28] Outras regras legais poderiam ser objecto de comentário autónomo, nuns casos por apresentarem uma redacção menos conseguida; noutros por carecerem de alteração. Exem-

ASPECTOS CRÍTICOS DA APLICAÇÃO PRÁTICA DO REGIME DAS ACÇÕES SEM VALOR NOMINAL

4.1. Reflexos no plano patrimonial: acções preferenciais sem direito de voto[*]

Em todos os casos em que o valor nominal de uma acção constituía anteriormente padrão de referência de uma qualquer operação – como sucedia com o dividendo preferencial mínimo atribuído às acções sem direito de voto, correspondente a 5% do respectivo valor nominal –, devemos agora reportar a quantificação do mesmo direito ao valor da emissão em causa.

Tal surge com particular acuidade no regime das acções preferenciais sem direito de voto, que foi alterado e cujas modificações não são isentas de crítica.

Com efeito, os artigos 341º e seguintes (isto é, também os arts. 342º e 345º) sofreram adaptações ao novo regime, vendo substituída, nas acções sem valor nominal, a referência *valor nominal* – até aqui a única – pelo valor de emissão *deduzido* de eventual prémio.

Por sua vez, ao alterar o artigo 345º, o legislador cometeu um erro, tendo declarado a revogação do nº 6, quando pretendia substituir o número 4. Trata-se de um lapso manifesto facilmente corrigível.

4.2. Direito de reembolso em sede de liquidação

Estando em causa acções com preferência no reembolso do saldo de liquidação, como sucede com a categoria de acções a que se refere o artigo 342º, a lei determina que o reembolso se processe pelo valor de emissão dessas acções, que formam a categoria; e não pelo seu valor fraccional, o que poderá colocar um problema, se existirem acções da mesma categoria, com direito especial ao reembolso, com valores de emissão dife-

---

plificando, diríamos que, por um lado, não faz sentido aplicar aos aumentos do capital por incorporação de reservas o disposto no art. 298º, nº 3 – embora a lei não dispense o conselho de administração de apresentar «*um relatório sobre o valor fixado e sobre as consequências financeiras da emissão*» –, porque dessa operação não pode resultar qualquer prejuízo para os accionistas. Por outro lado, justificava-se modificar a norma constante do art. 94º, nº 1, *alínea b)*, porque a redução do capital em sociedade cujas acções não têm valor nominal não tem de ocorrer necessariamente por reagrupamento ou extinção de acções. Se as acções não tiverem valor nominal, afigura-se bastar reduzir o valor do capital social, ocorrendo a diminuição do respectivo valor individual automaticamente (e proporcionalmente ao seu valor de emissão), de forma inversa ao que acontece nos aumentos do capital por incorporação de reservas em que o número de acções sem valor nominal se pode manter inalterado (cfr. art. 92º, nº 2, na red. do DL 49/2010).

PAULO OLAVO CUNHA

rentes. Nessa circunstância, o referencial deveria ser unicamente o valor unitário fraccional, isto é, importaria dividir o capital pelo número de acções da categoria em causa.

Esta discrepância também se manifesta no que respeita ao direito de reembolso em caso de liquidação.

Estando em causa o disposto no artigo 156º (sob a epígrafe *Partilha do activo restante*), a lei determina que o activo remanescente – depois de satisfeitos os credores – se destine ao «*reembolso do montante das entradas efectivamente realizadas*» (nº 2). No entanto, logo acrescenta a mesma disposição legal que esse montante «*é a fracção do capital correspondente a cada sócio*».

Suscita-se, pois, a este propósito a dúvida natural sobre o critério a aplicar no reembolso. Se há que procurar o montante efectivamente despendido pelo sócio, podemos deparar com dificuldades insuperáveis devido à fungibilidade das participações, reconduzindo-as todas a um mesmo valor de reembolso.

Trata-se, assim, de preceito legal a rever.

4.3. Direito de voto
Em regra, a cada acção – isto é, a cada fracção do capital social – caberá, em princípio, um voto.

No entanto, a lei admite – relativamente às acções com valor nominal – desvios estatutários que não são facilmente adaptáveis ao novo tipo societário de acção. Por exemplo, quando estabelece, na *alínea a)* do número 2 do artigo 384º, que o contrato de sociedade pode exigir um determinado valor nominal mínimo para que o accionista possa exercer o direito de voto (€ 1.000,00).

Com efeito, como é que encontramos, nas acções sem valor nominal, esse montante mínimo?

Pela soma do respectivo valor de emissão – o que conduziria a naturais dúvidas quando estivessem em causa diversos valores de emissão não identificáveis, nem tão pouco autonomizáveis, por não se reportarem a uma mesma categoria ou única emissão –, pela fracção correspondente, em valor contabilístico da empresa, a € 1.000,00, ou ainda pela fracção do capital social que perfizesse esse valor.

Como vemos, são diversos os critérios e as hipóteses em jogo, pelo que há que encontrar uma resposta comum satisfatória, sob pena de con-

ASPECTOS CRÍTICOS DA APLICAÇÃO PRÁTICA DO REGIME DAS ACÇÕES SEM VALOR NOMINAL

cluirmos pela inaplicabilidade dessa regra legal no plano das acções sem valor nominal.

No que respeita ao direito de participar na assembleia geral, consideramos que o mesmo não apresenta especificidades em sede de acções sem valor nominal.

4.4. Direitos cujo exercício depende da participação percentual no capital social

São muitos os direitos de exercício colectivo no domínio das sociedades anónimas, que a lei reporta a uma percentagem do capital social. Assim, por exemplo, o direito mínimo de informação (cfr. art. 288º, nº 1), o direito a obter informações por escrito (cfr. art. 291º), o direito a eleger em separado um administrador (cfr. art. 392º) ou o direito a promover a destituição judicial de um administrador (cfr. art. 403º, nº 3) ou uma acção social de responsabilidade (cfr. art. 77º).

Anteriormente, quando pensávamos numa percentagem do capital social, tínhamos em mente o número de acções mínimo que correspondesse a essa fracção de capital. Agora, coloca-se legitimamente a dúvida: quando a lei menciona 10% do capital social pretende significar 10% do valor de emissão (das acções), do valor fraccional (do capital social) ou do valor contabilístico (formado pelo total do activo)?

4.5. Epílogo: valor de emissão, valor fraccional e valor contabilístico

A concluir, importa procurar determinar o critério relevante do valor de referência deste novo tipo de acção.

Devemos apontar para o seu valor fraccional em relação ao montante global do capital social. Nestes termos, há que dividir o capital social pelo número de acções existente, seja ele qual for, e encontrar a fracção que corresponde a cada parte desse capital.

O **valor fraccional**, ou valor da fracção do capital representado por cada acção, deve corresponder à divisão do total do capital social pelo número de acções emitidas, independentemente do seu efectivo valor e momento de emissão, que podem ser distintos.

Não será, assim, de aceitar – diversamente do que pretende o legislador, na redacção menos feliz, do artigo 5º do Decreto-Lei nº 49/2010, de 19 de Maio – que o valor de emissão deva prevalecer sempre que, estando em causa acções sem valor nominal, a lei utilizar a expressão "valor nomi-

PAULO OLAVO CUNHA

nal". A esta referência opõe-se, como já vimos, a fungibilidade das acções que integram uma mesma categoria.

Finalmente, numa única disposição – o artigo 92º (nº 1)[29] –, a lei recorre ao chamado **valor contabilístico**, para caracterizar o aumento do capital social por incorporação de reservas nas sociedades em que as acções não têm valor nominal. Importa referir que esta expressão é também polissémica. Com efeito, para PAULO DE TARSO DOMINGUES[30], grande especialista em matéria de capital social, «o chamado "valor contabilístico" (...) consiste no valor que resulta da divisão do montante do capital social pelo número total de acções emitidas», isto é, valor contabilístico seria sinónimo de valor fraccional, como este é utilizado no Relatório Winter[31].

Economicamente, este significado corresponderá ao chamado valor de balanço – ou do activo global societário –, que só por mero acaso coincidirá com o valor do capital social. Deverá esse valor contabilístico (das acções sem valor nominal), relevante em sede de aumento do capital por incorporação de reservas, ser extrapolado como critério da determinação das acções sem valor nominal?

Sem prejuízo de virmos oportunamente a revisitar esta temática, inclinamo-nos para recusar tal entendimento, pelo menos na acepção puramente económica da expressão.

Estando em causa acções sem valor nominal, e importando considerar a sua normal fungibilidade no mercado, cada acção deve proporcionar ao seu titular direitos idênticos aos que resultam das demais, pelo que ela deve constituir uma fracção do capital social com autonomia, independentemente do valor de emissão que concretamente lhe esteve subjacente.

Cascais, 18 de Julho de 2011

---

[29] Temos presente que também o art. 508º-C, nº 5, *alínea d)*, se refere ao valor contabilístico. Mas a sua redacção é anterior ao DL 49/2010, de 19 de Maio.

[30] «Acções sem valor nominal no direito português», cit., 2011 (pp. 53-73), p. 65.

[31] Relatório sobre *A Modern Regulatory Framework for Company Law in Europe* (2002) elaborado pelo *High Level Group of Company Law Experts*, liderado pelo Prof. Jaap Winter.

ÍNDICE

Nota Prévia   5

I PARTE
Relativa ao Novo Regime do Capital Social Mínimo
das Sociedades por Quotas

"O Novo Regime Jurídico do Capital Social das Sociedades por Quotas"
MARIA MIGUEL CARVALHO   9

Subcapitalização de Sociedade e Desconsideração da Personalidade Jurídica
J. M.COUTINHO DE ABREU   37

O Capital Social das Sociedades por Quotas e o Problema da Subcapitalização Material
MARIA DE FÁTIMA RIBEIRO   43

Capital Social Livre? Reflexões em Torno das Responsabilidades dos Sócios e dos Gerentes
MARIA ELISABETE RAMOS   85

II PARTE
Relativa às Acções sem Valor Nominal

Traços Essenciais do Novo Regime das Acções sem Valor Nominal
PAULO DE TARSO DOMINGUES   107

Aspectos Críticos da Aplicação Prática do Regime das Acções sem Valor Nominal
PAULO OLAVO CUNHA   131

153